历代碑帖法书选

唐顏真卿書麻姑山仙壇記

（修订版）

文物出版社

图书在版编目（CIP）数据

唐颜真卿书麻姑山仙坛记 / 《历代碑帖法书选》编辑组编. -- 修订本. -- 北京 : 文物出版社,（2023.7重印）
（历代碑帖法书选）
ISBN 978-7-5010-4658-4

I.①唐… II.①历… III. ①楷书－碑帖－中国－唐代 IV.①J292.23

中国版本图书馆CIP数据核字（2016）第162970号

唐颜真卿书麻姑山仙坛记（修订版）

编　　者：《历代碑帖法书选》编辑组

责任编辑：赵　磊
责任印制：张　丽
出版发行：文物出版社
社　　址：北京市东城区东直门内北小街2号楼
邮政编码：100007
网　　址：http：//www.wenwu.com
经　　销：新华书店
印　　刷：河北鹏润印刷有限公司
开　　本：787×1092　1/16
印　　张：4
版　　次：2017年9月第1版
印　　次：2023年7月第2次印刷
书　　号：ISBN 978-7-5010-4658-4
定　　价：24.00元

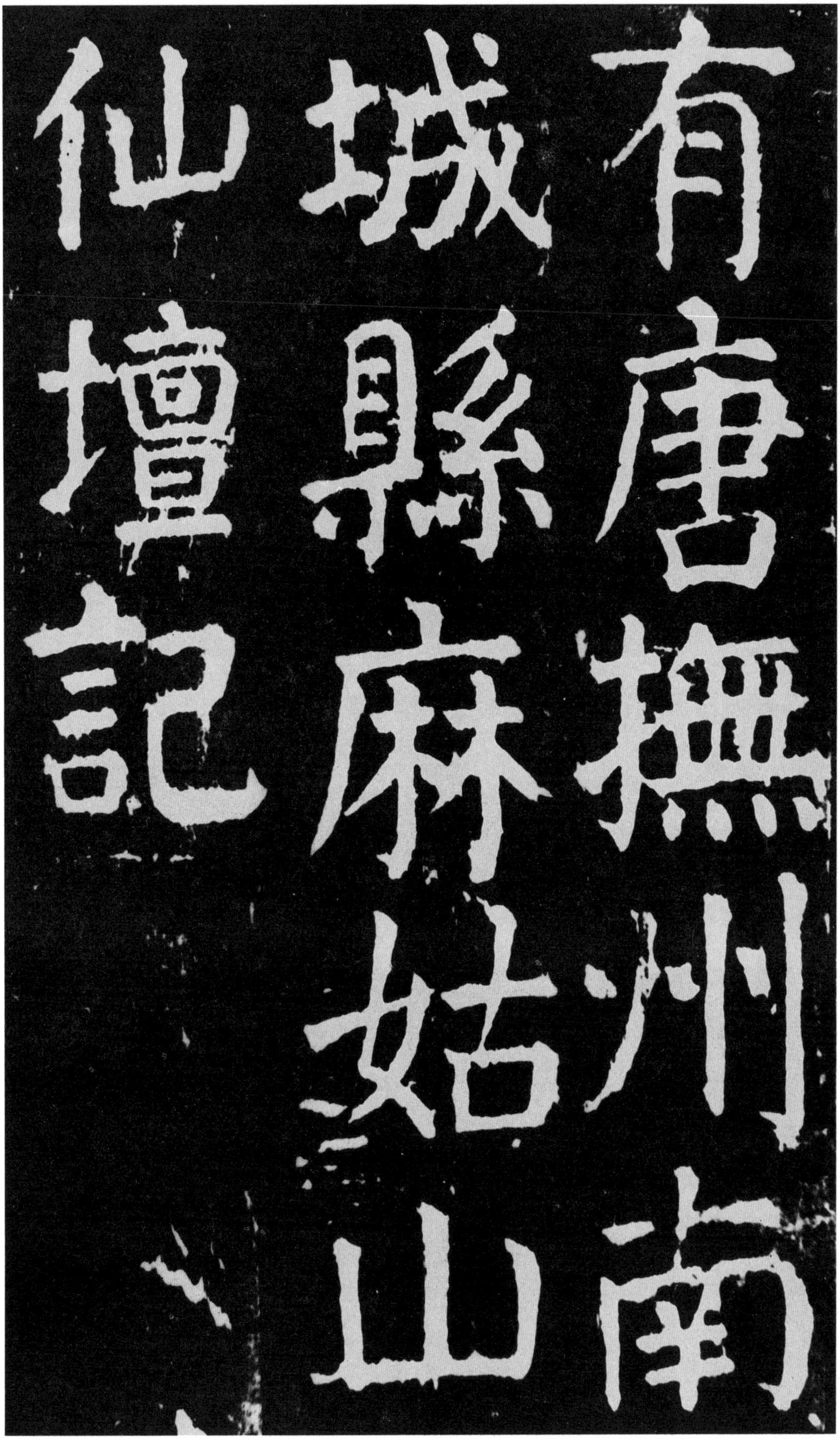

有唐抚州南城县麻姑山仙坛记。

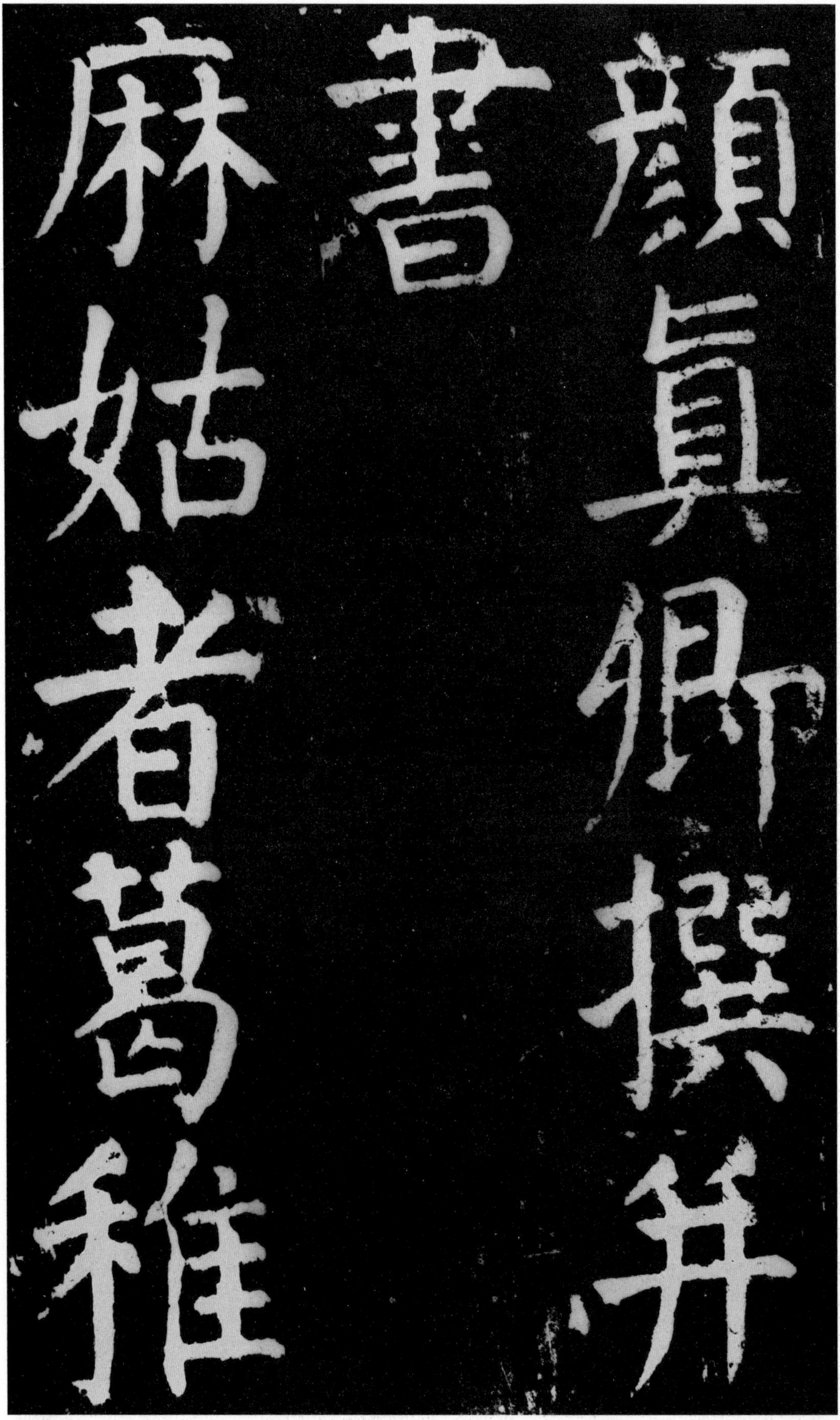

颜真卿撰并书。麻姑者，葛稚

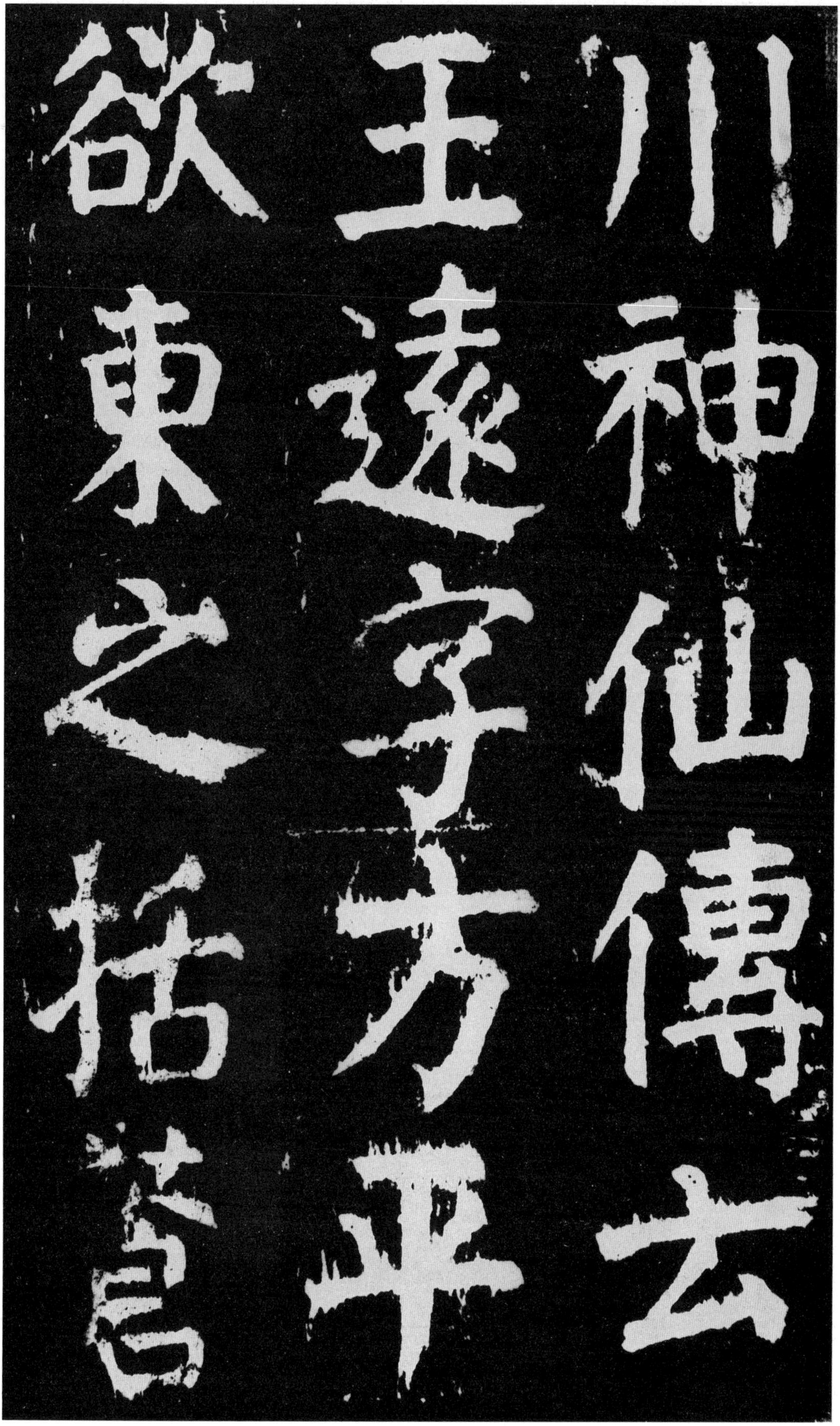

川《神仙传》云：王远字方平，欲东之括苍

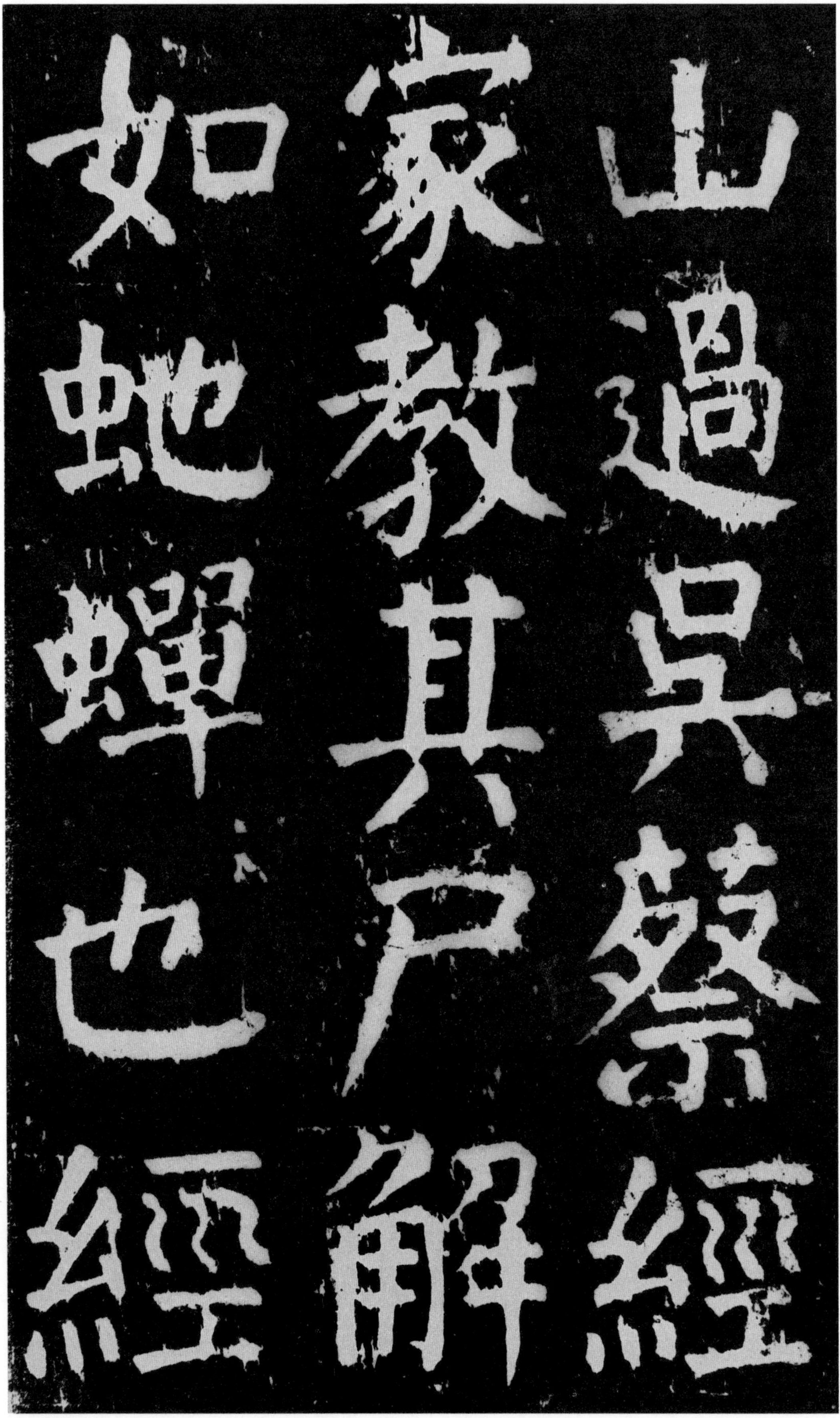

山，过吴蔡经家，教其尸解，如蛇蝉也。经

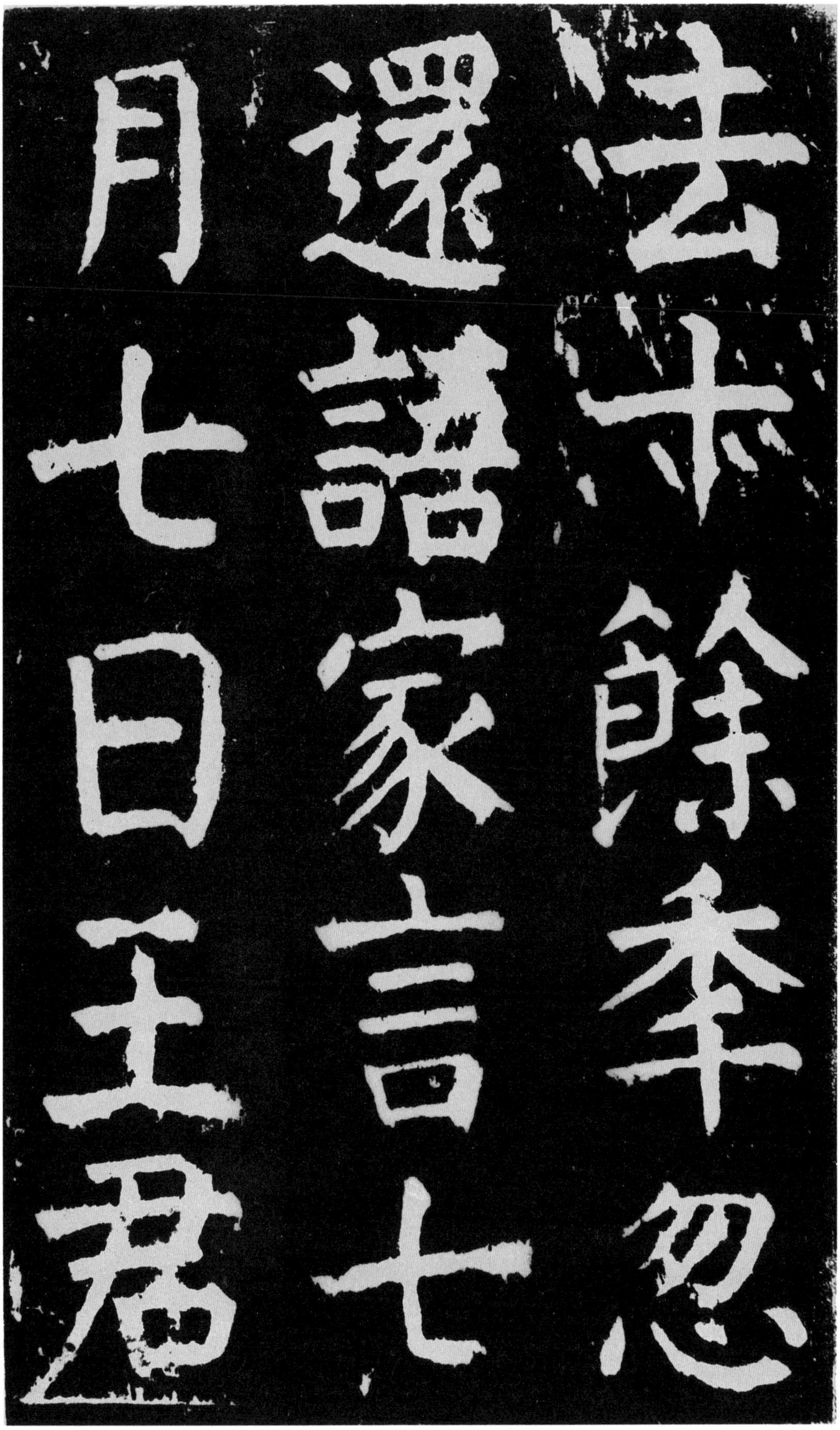

去十余年，忽还，语家言：『七月七日王君

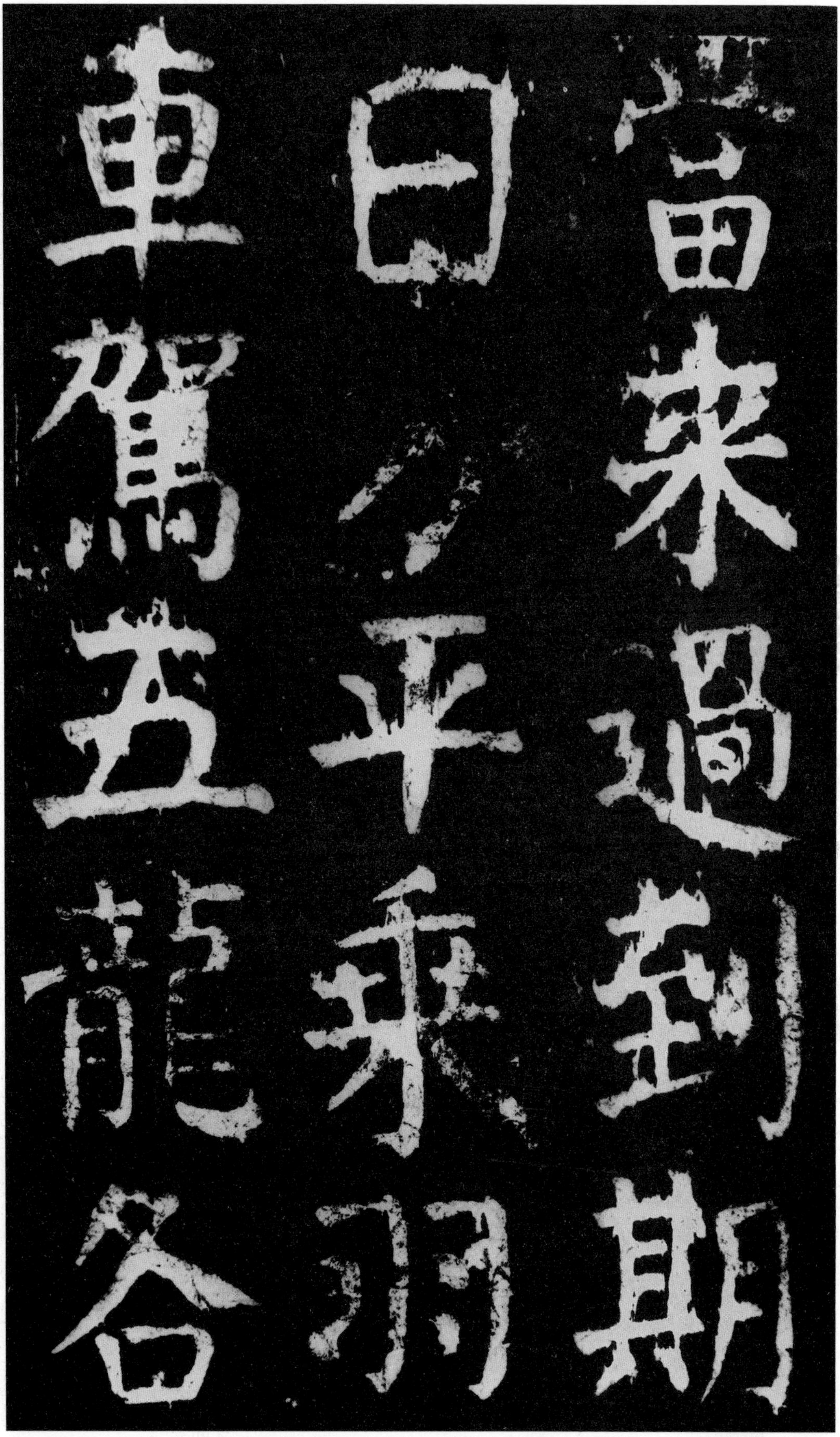

当来过。」到期日，方平乘羽车，驾五龙，各

異色旌旗導
從威儀赫奕
如大將也既

异色，旌旗导从，威仪赫奕，如大将也。既

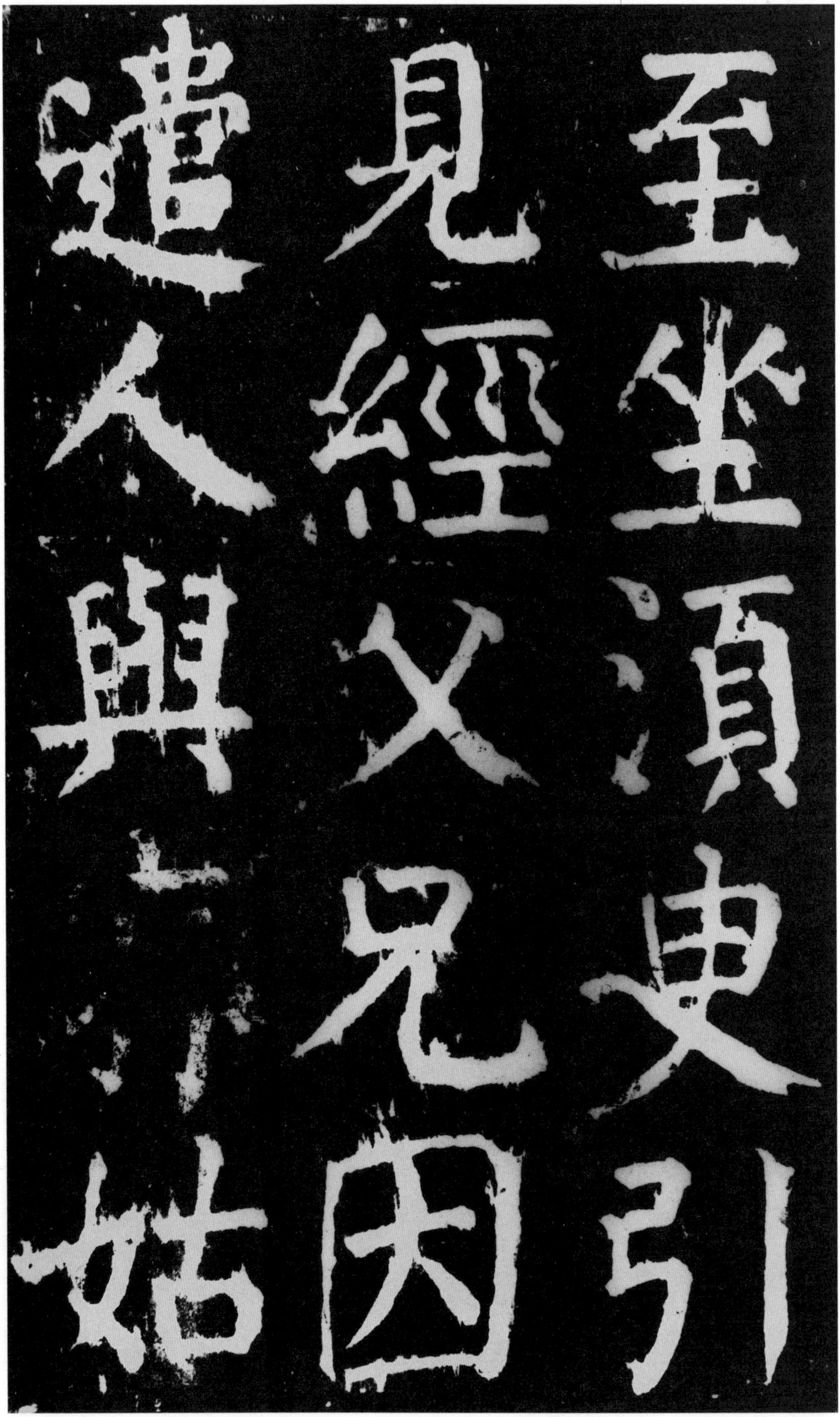

至，坐须臾，引见经父兄。因遣人与麻姑

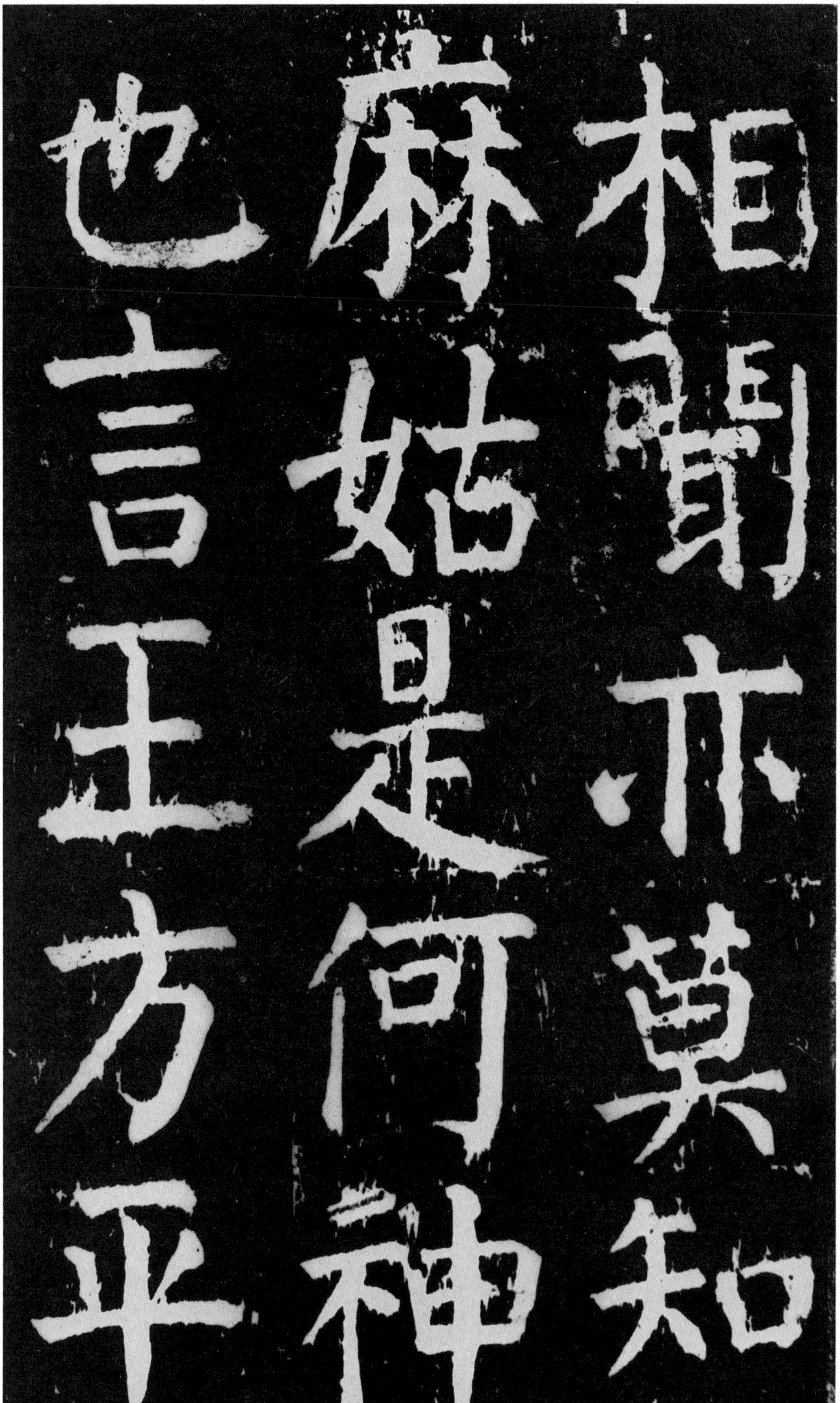

相闻，亦莫知麻姑是何神也。言王方平

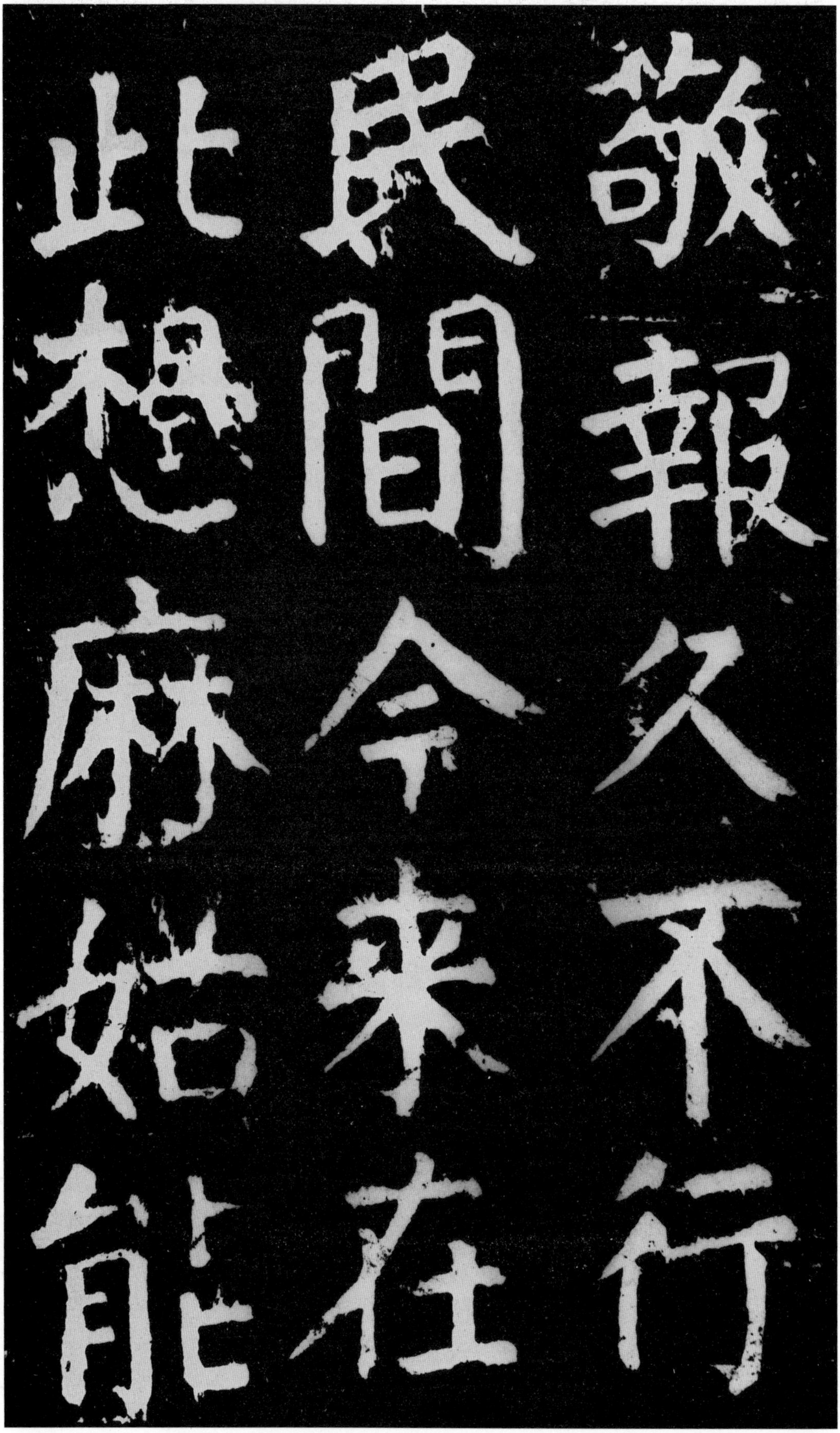

敬报：『久不行民间，今来在此，想麻姑能

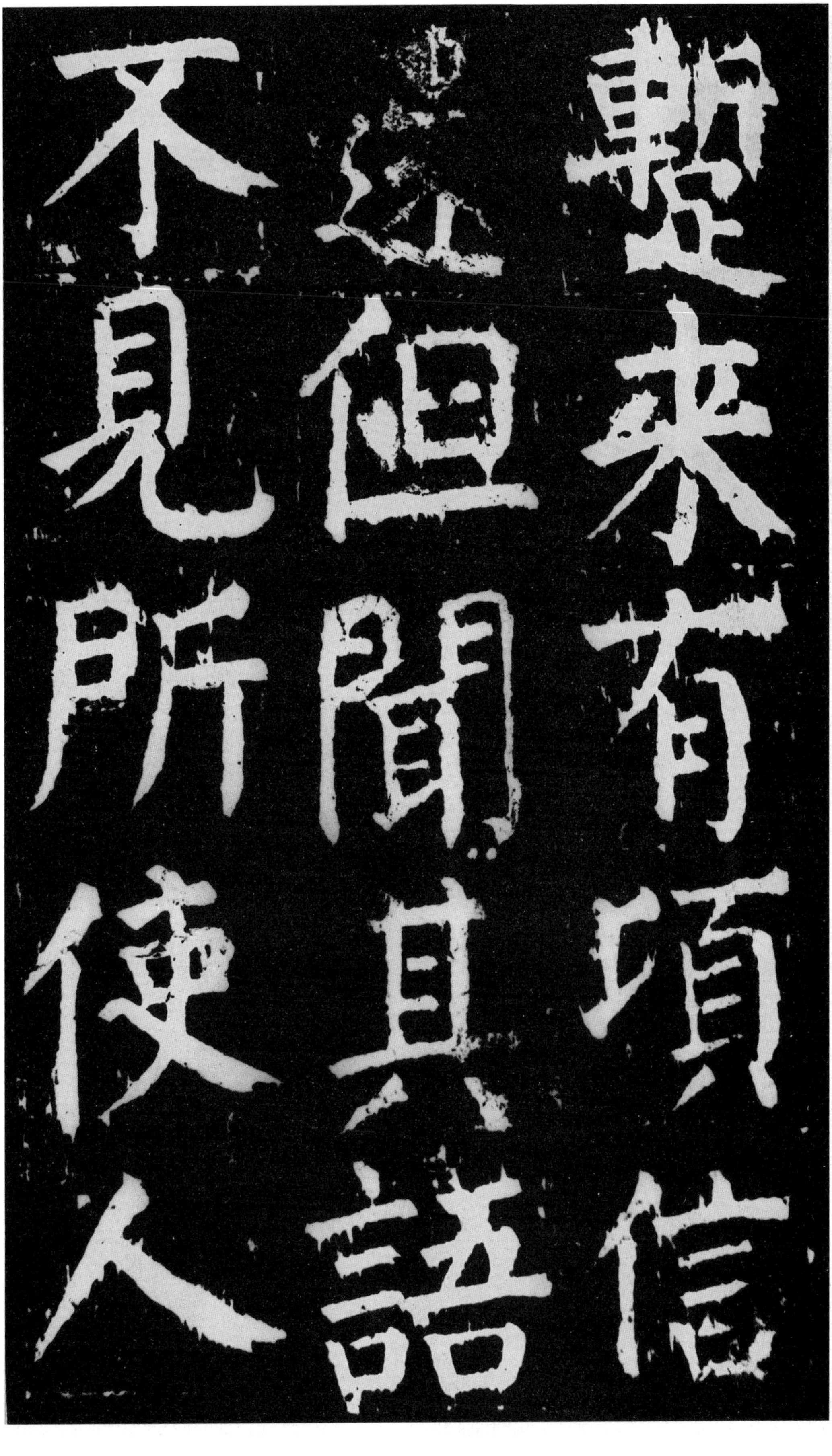

暂来。』有顷信还，但闻其语，不见所使人。

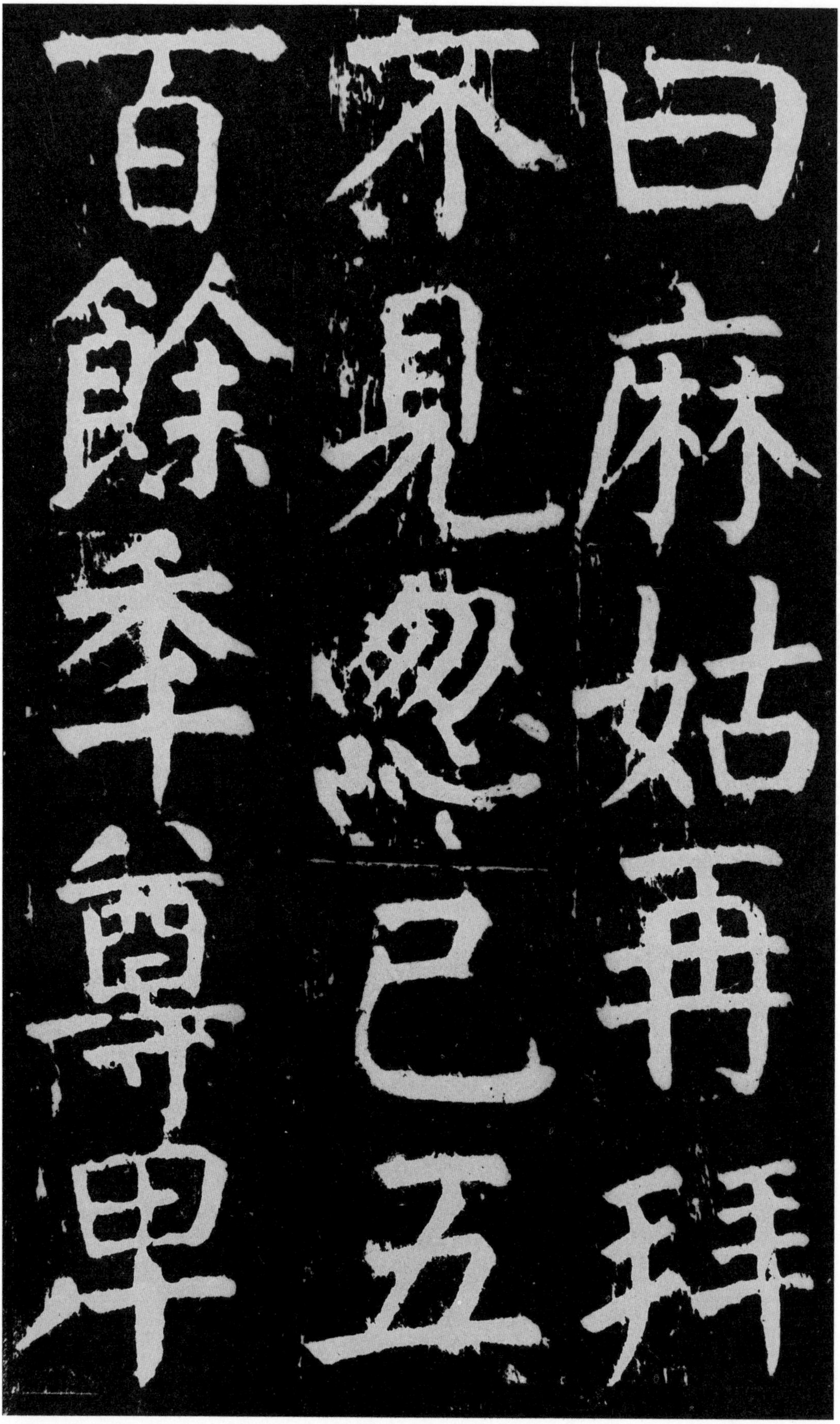
曰麻姑再拜
不見忽已五
百餘年尊卑

曰：『麻姑再拜，不见忽已五百余年。尊卑

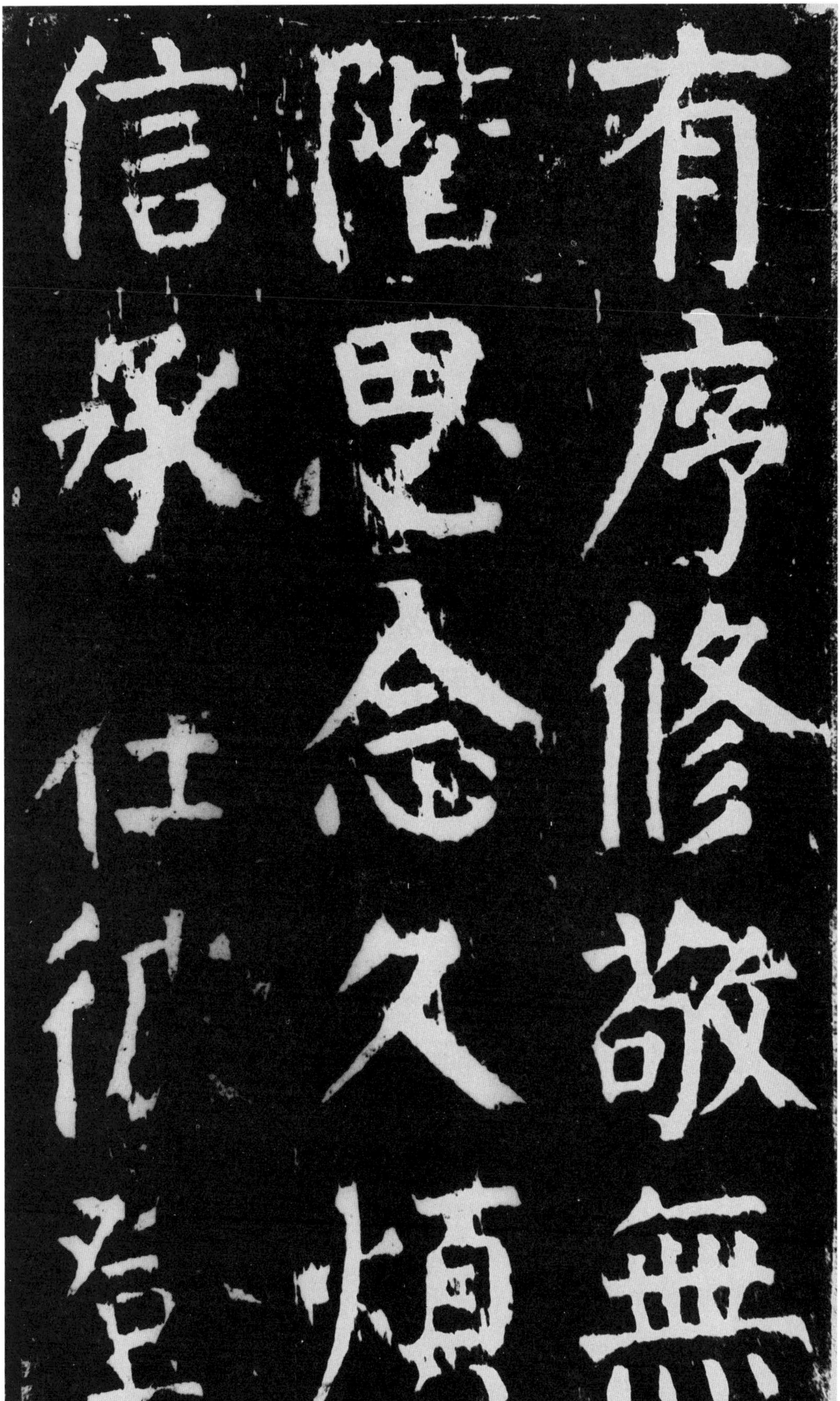

有序，修敬无阶。思念久烦，信承在彼，登

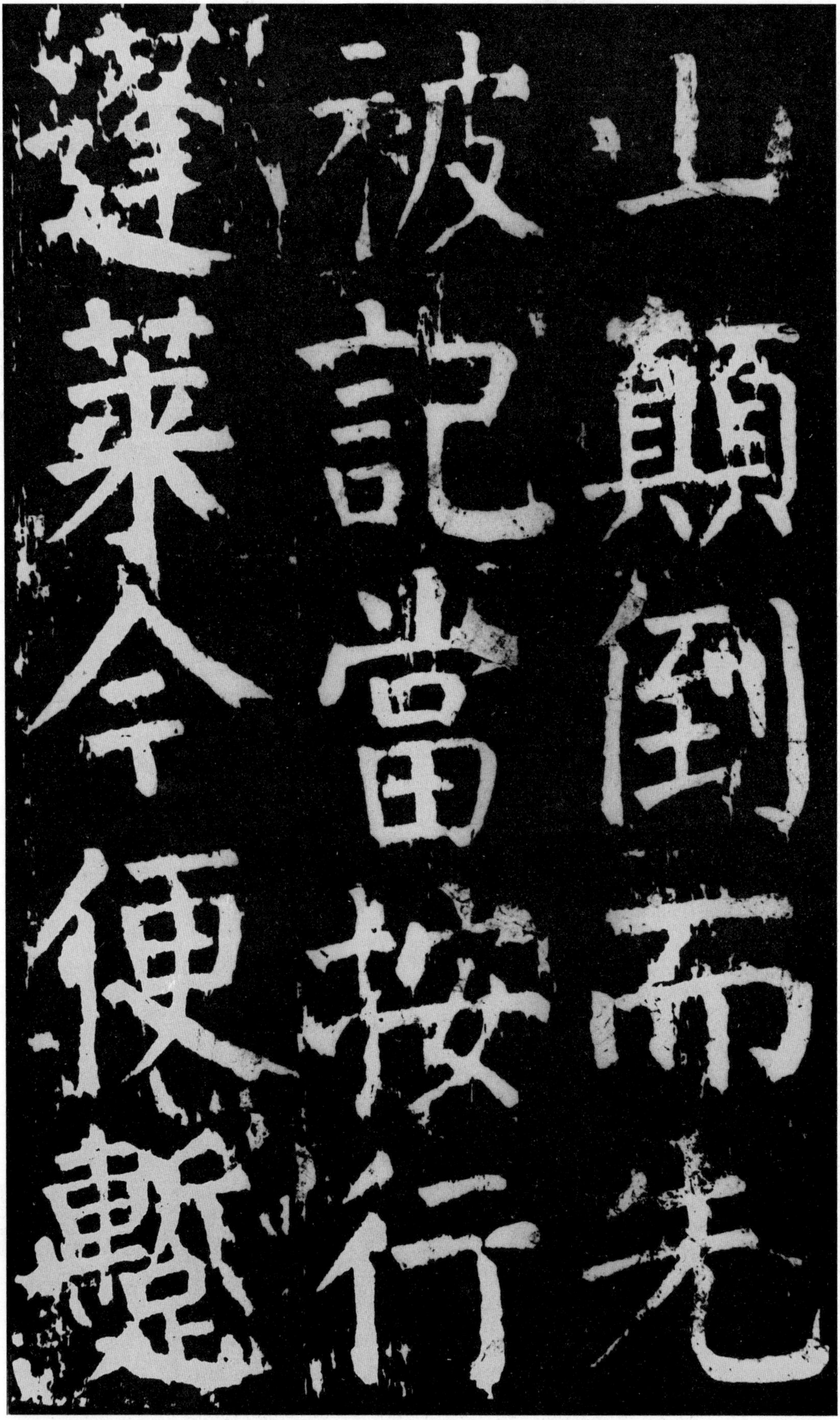

山颠倒，而先被记。当按行蓬莱。今便暂

往，如是便还，还即亲观，愿不即去。』如此

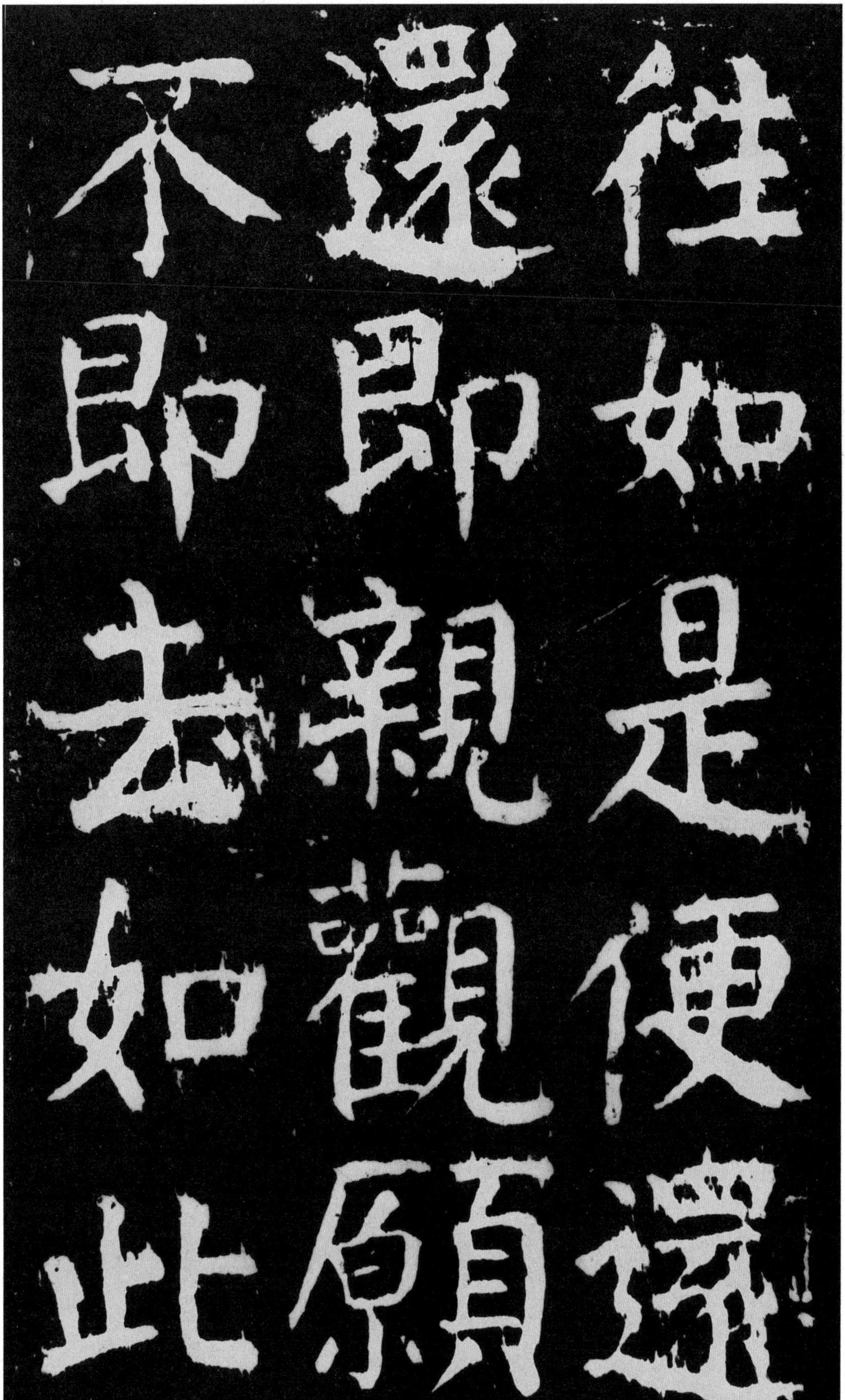
往如是便還
還即親觀願
不即去如此

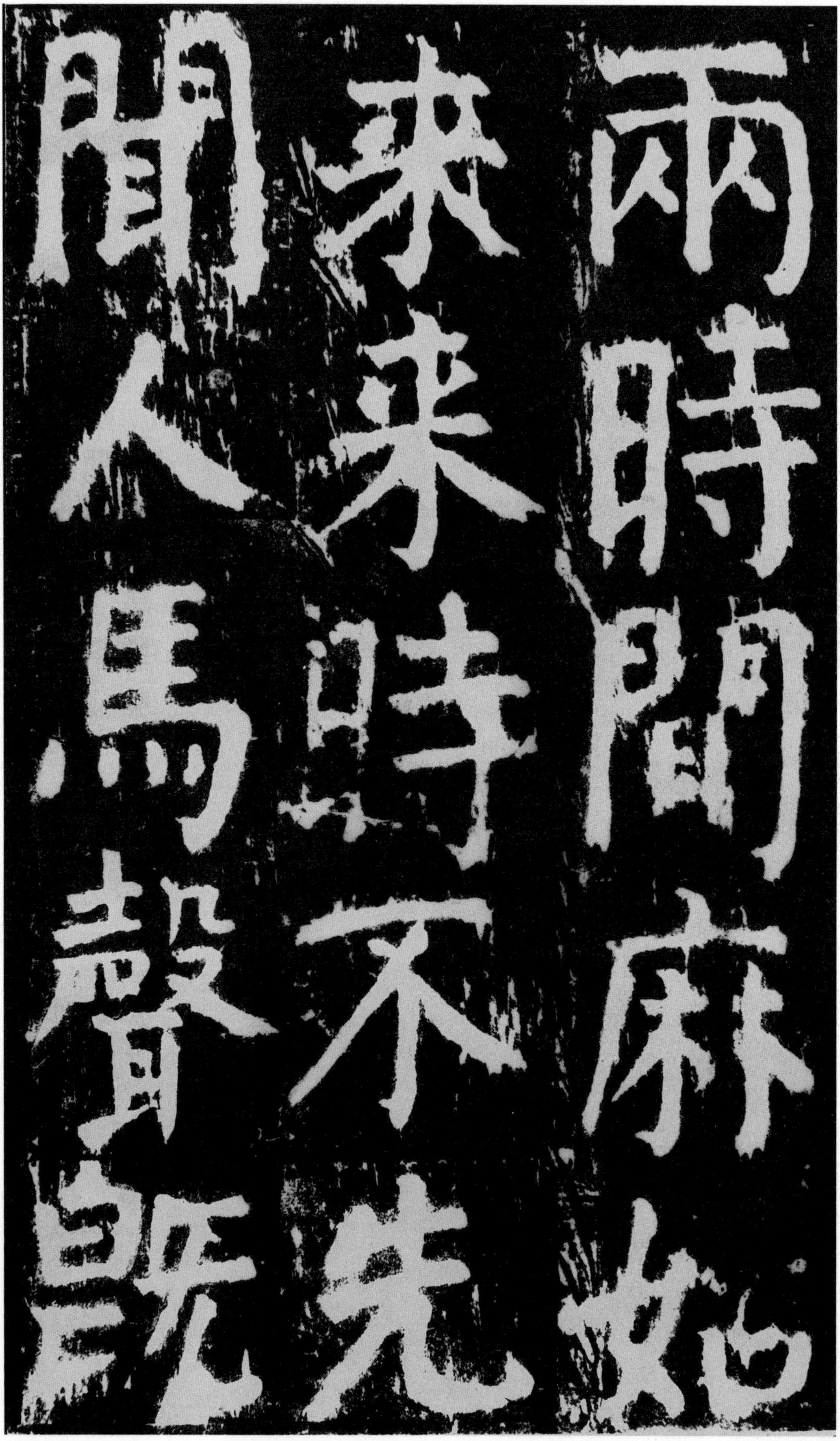

两时间，麻姑来。来时不先闻人马声，既

至，从官当半于方平也。麻姑至，蔡经亦

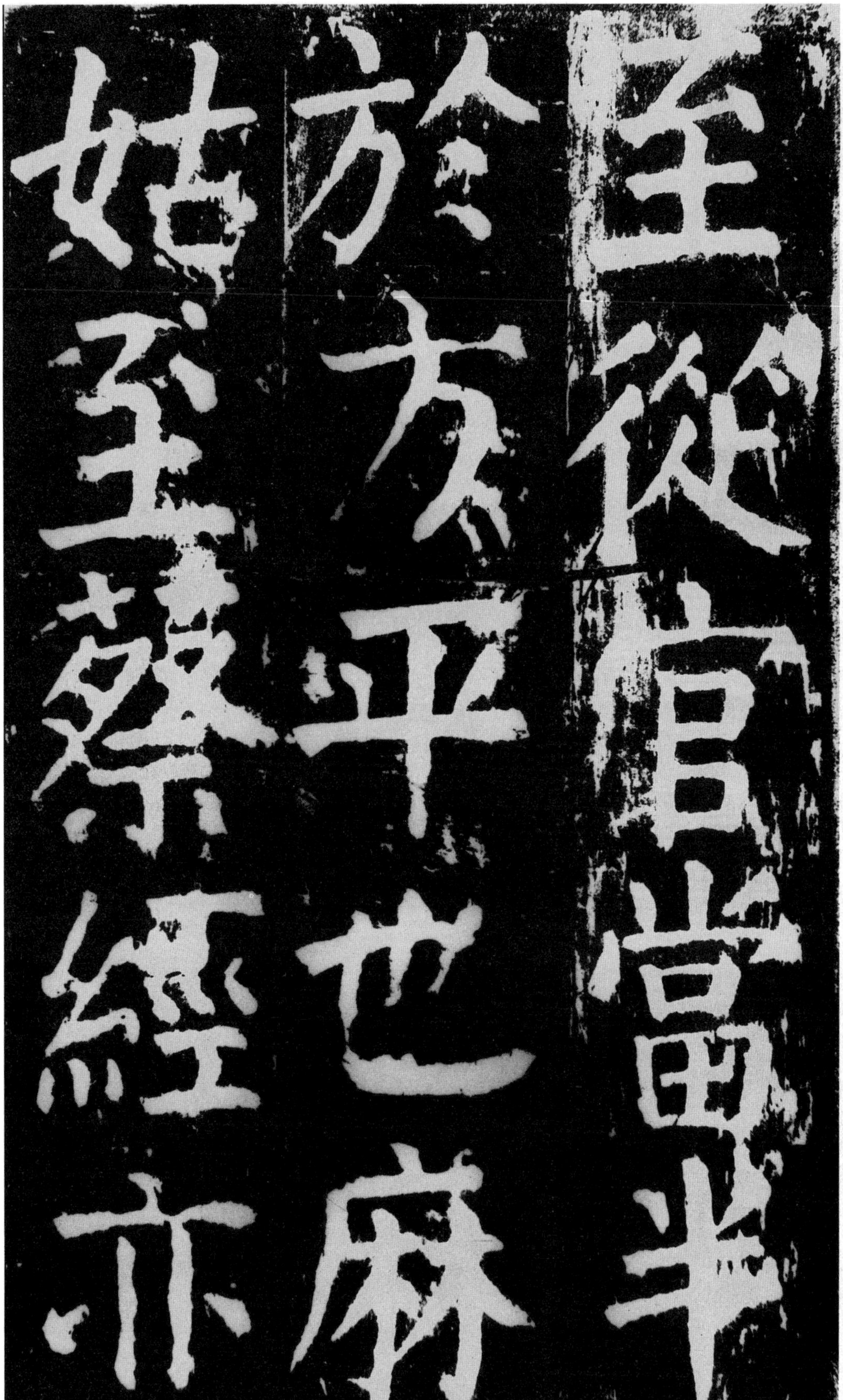

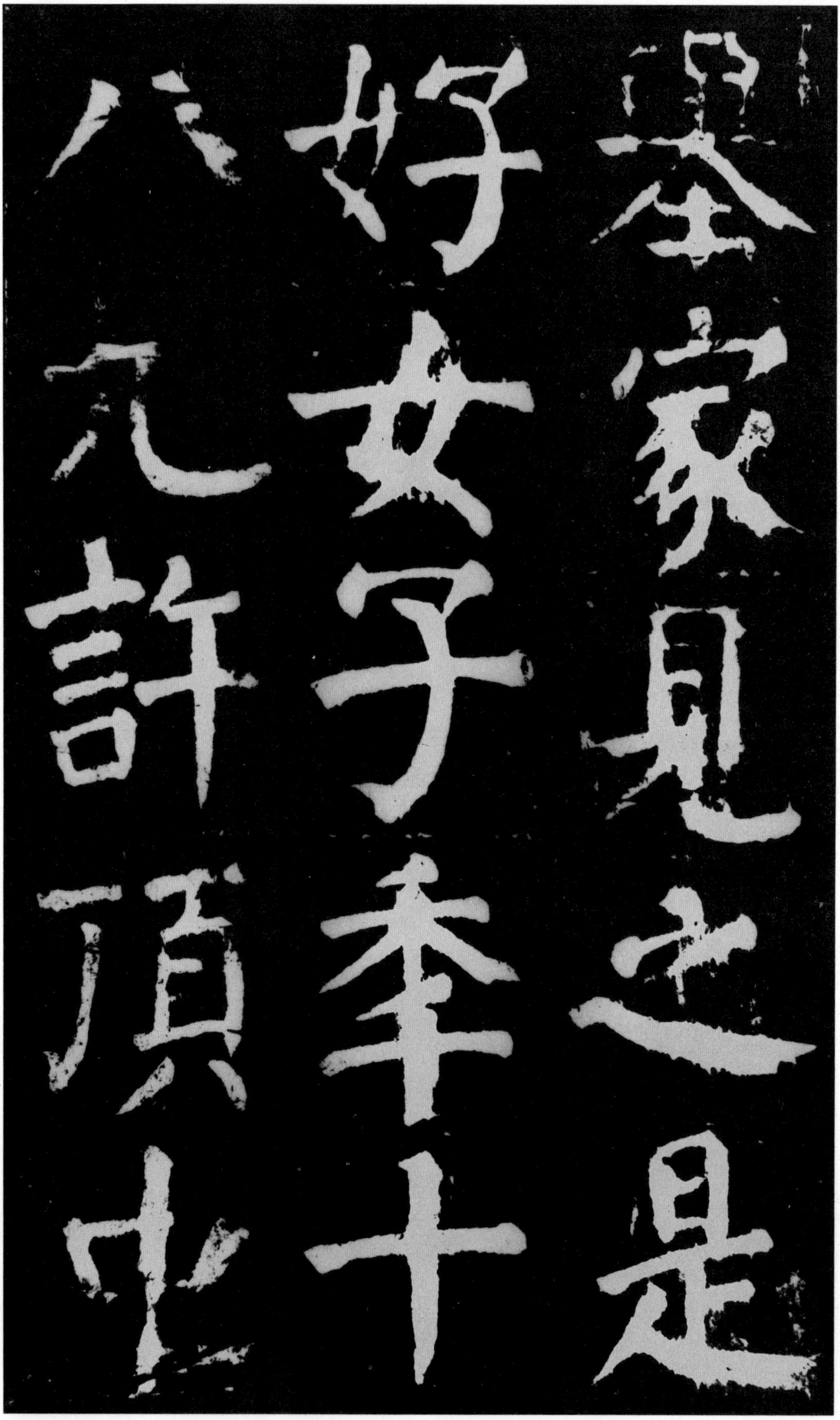

举家见之，是好女子，年十八九许，顶中

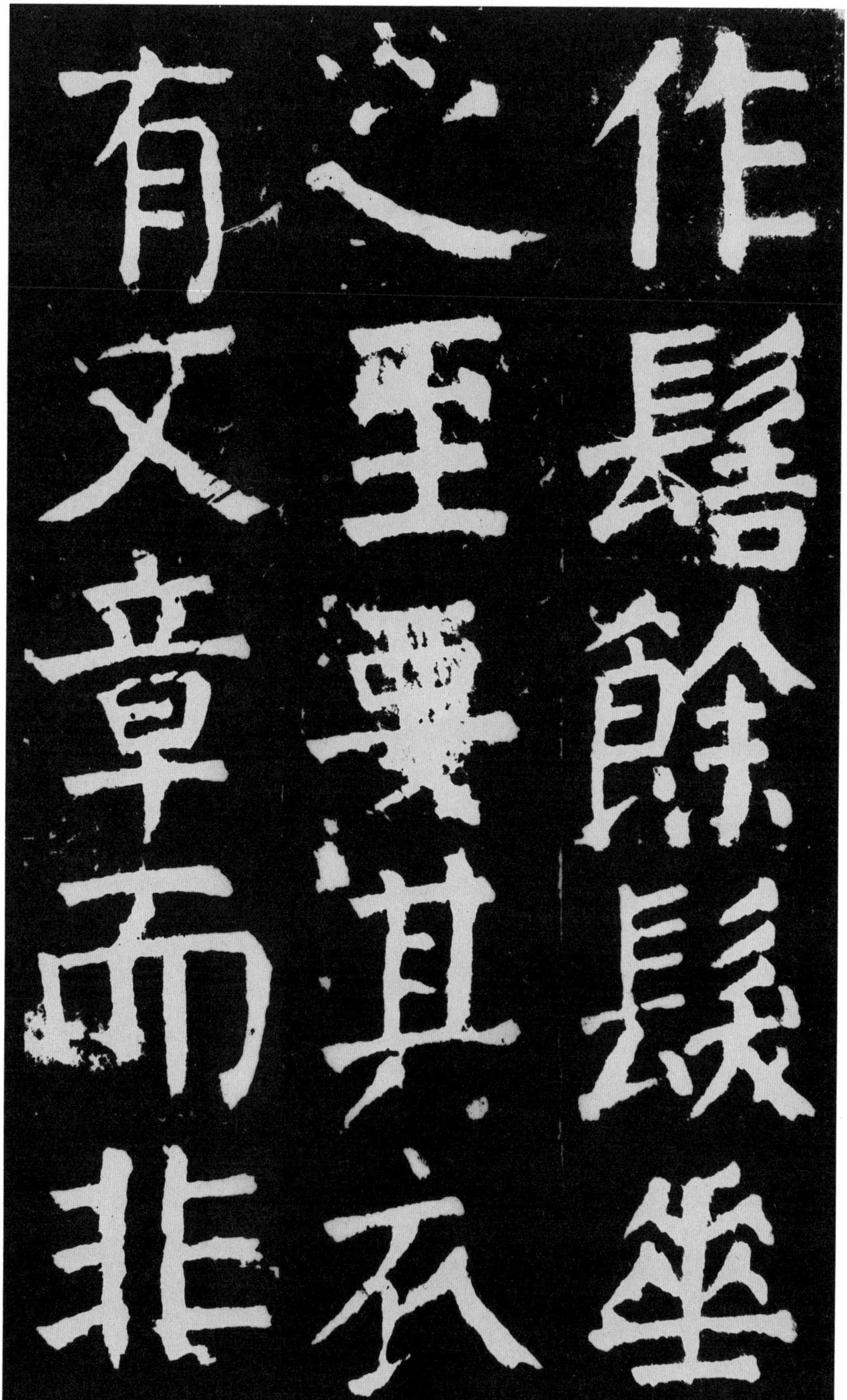

作髻，余发垂之至腰。其衣有文章，而非

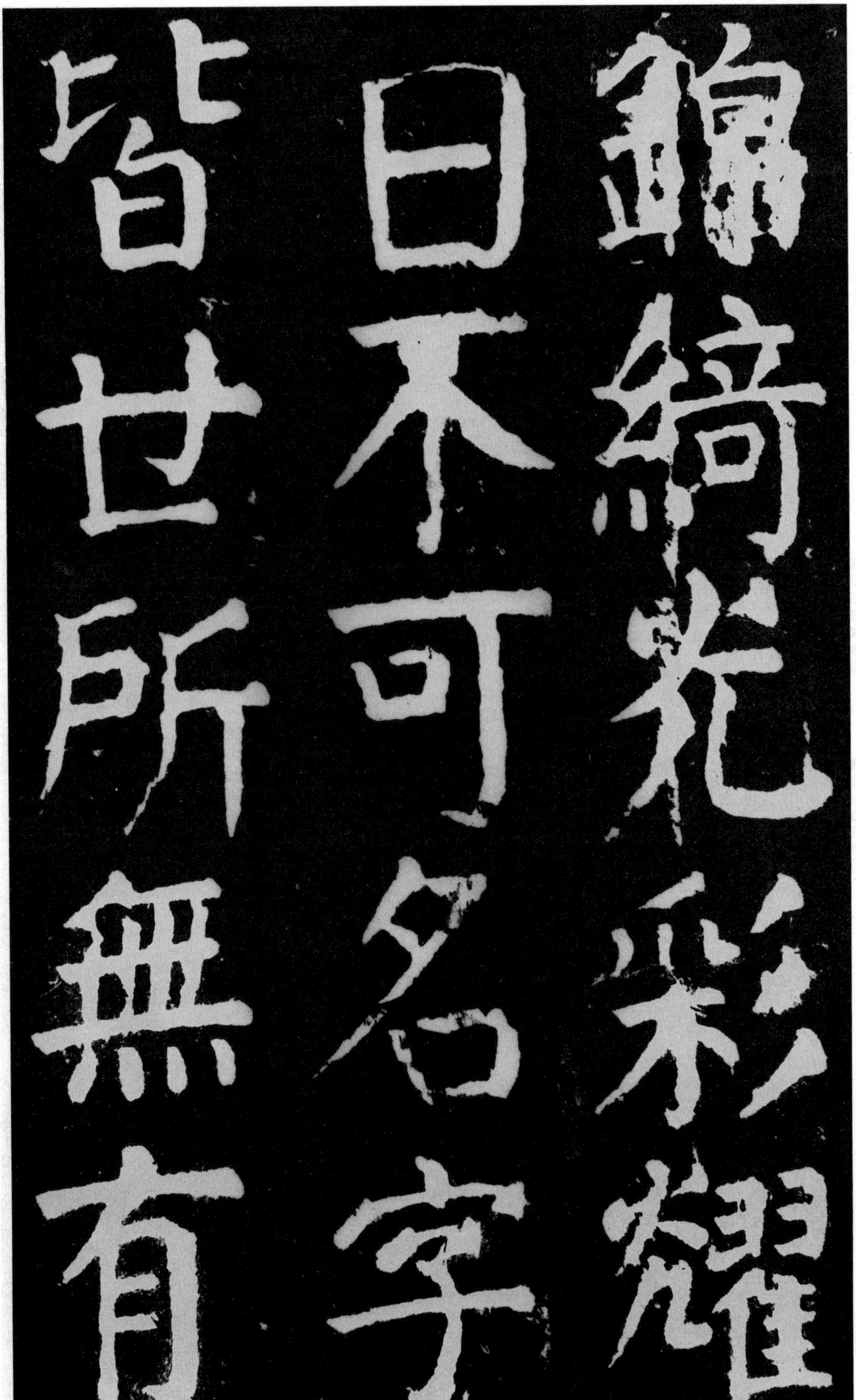

锦绮，光彩耀日，不可名字，皆世所无有

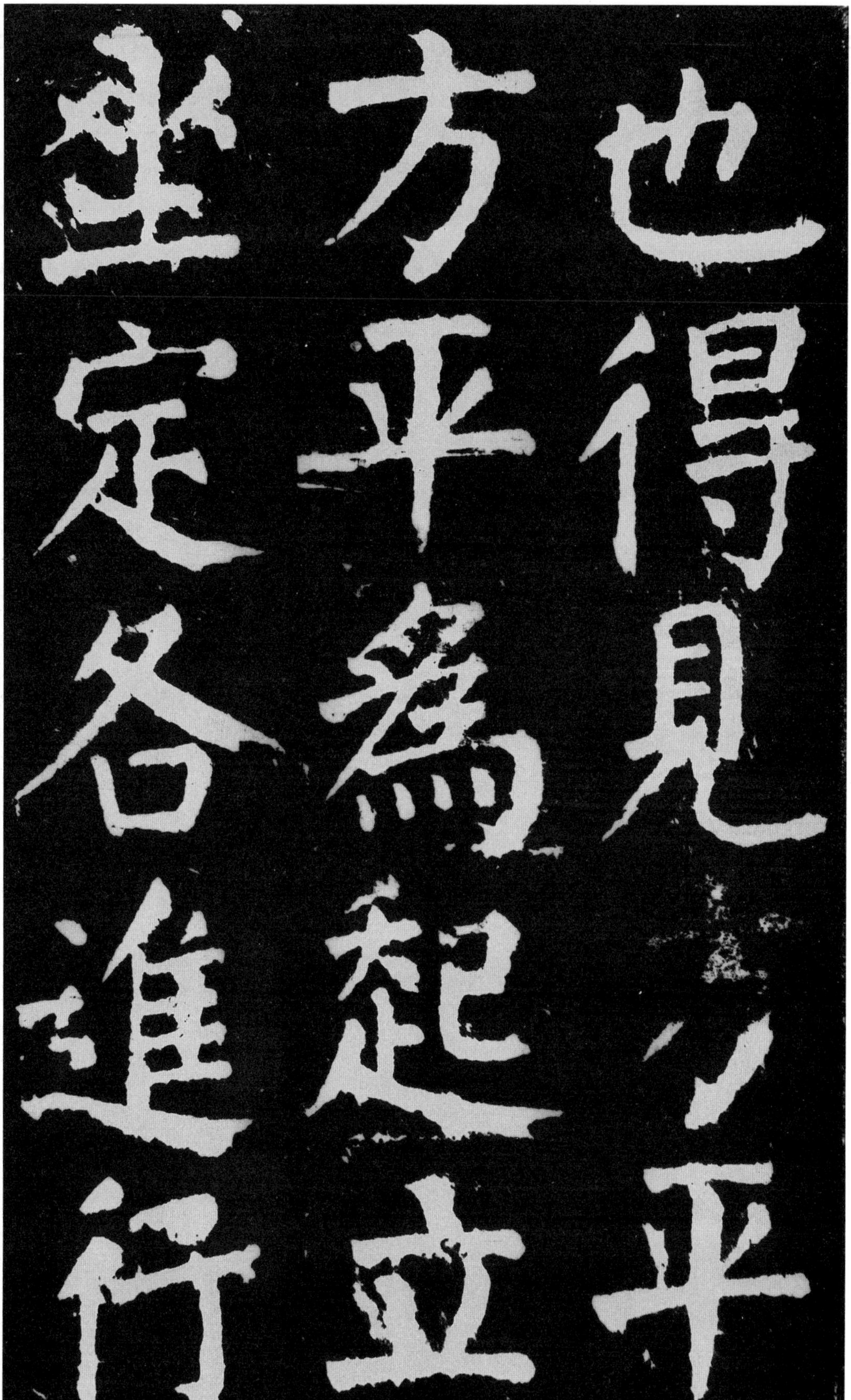

也。得见方平，方平为起立。坐定，各进行

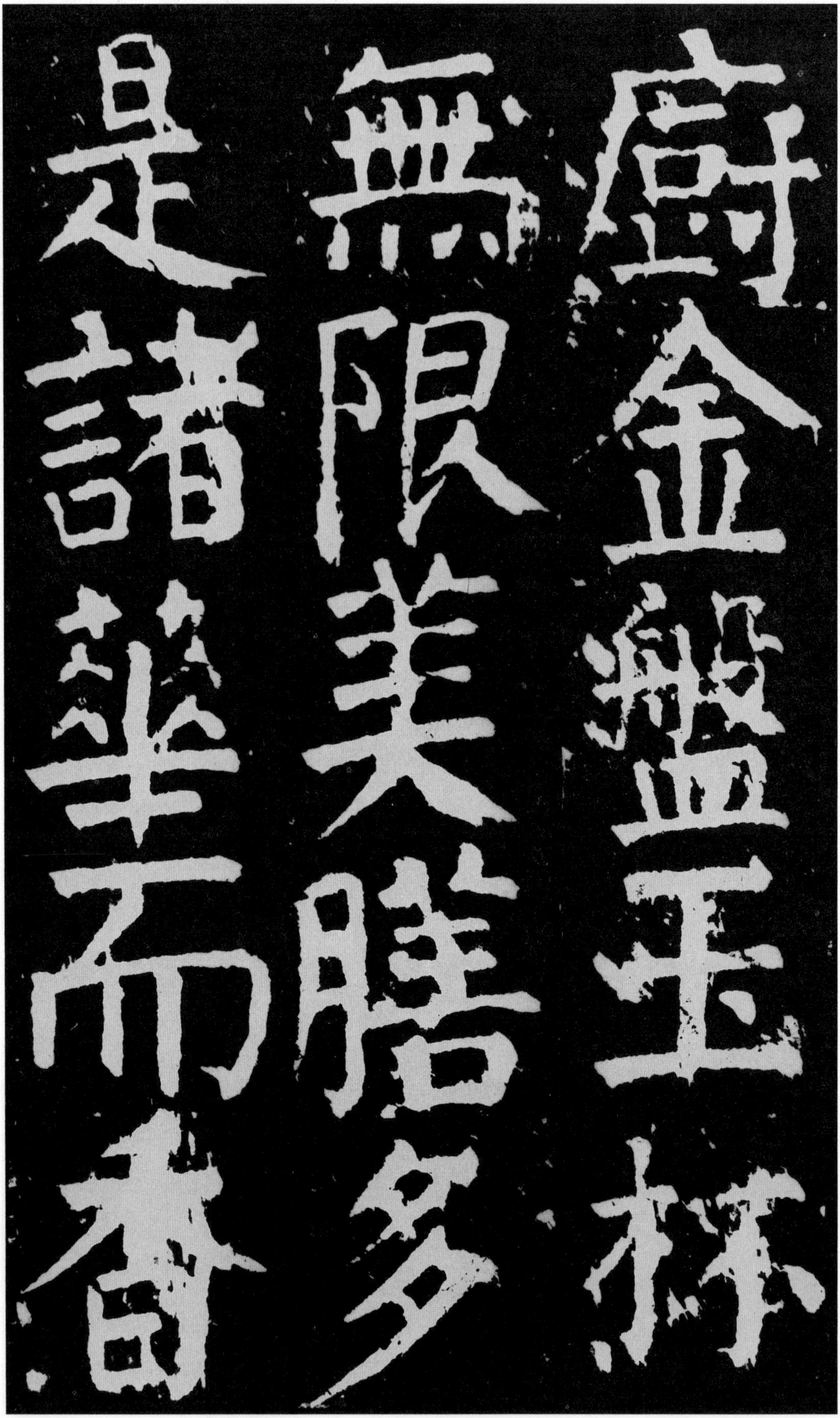

厨。金盘玉杯，无限美膳，多是诸华，而香

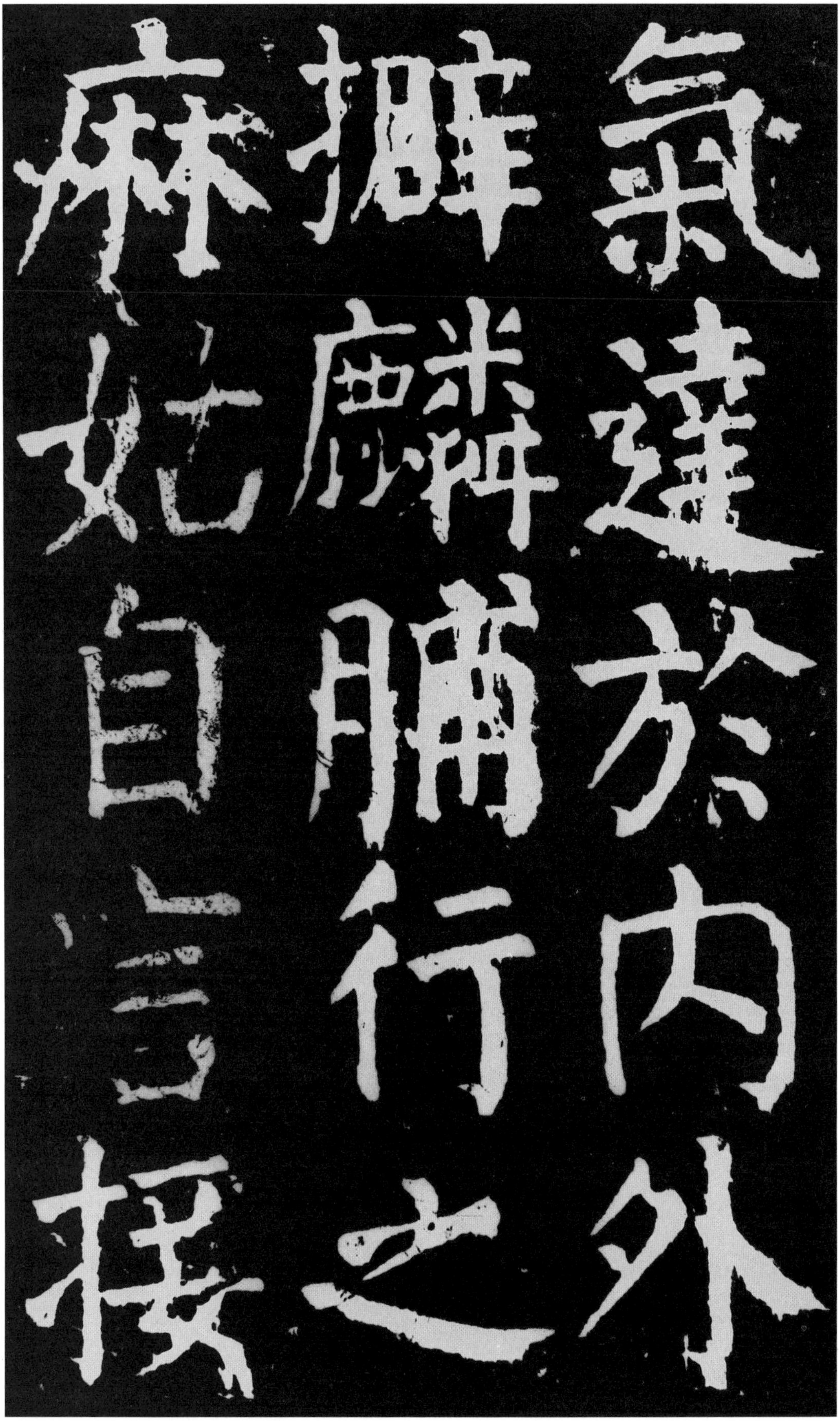
氣達於內外
擗麟脯行之
麻姑自言接

气达于内外，擗麟脯行之。麻姑自言：『接

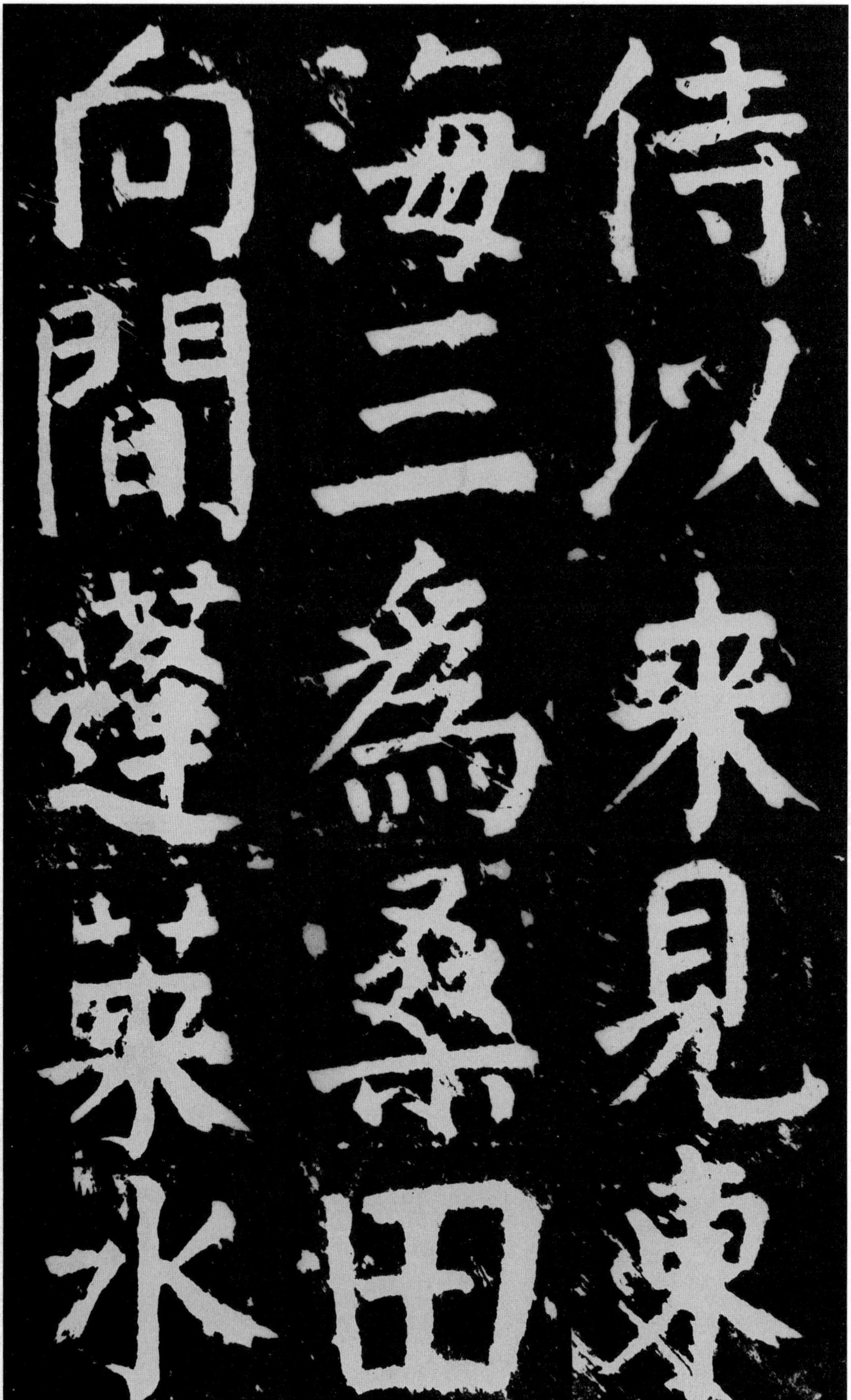

侍以来，见东海三为桑田。向间蓬莱水，

乃浅于往者，会时略半也，岂将复还为

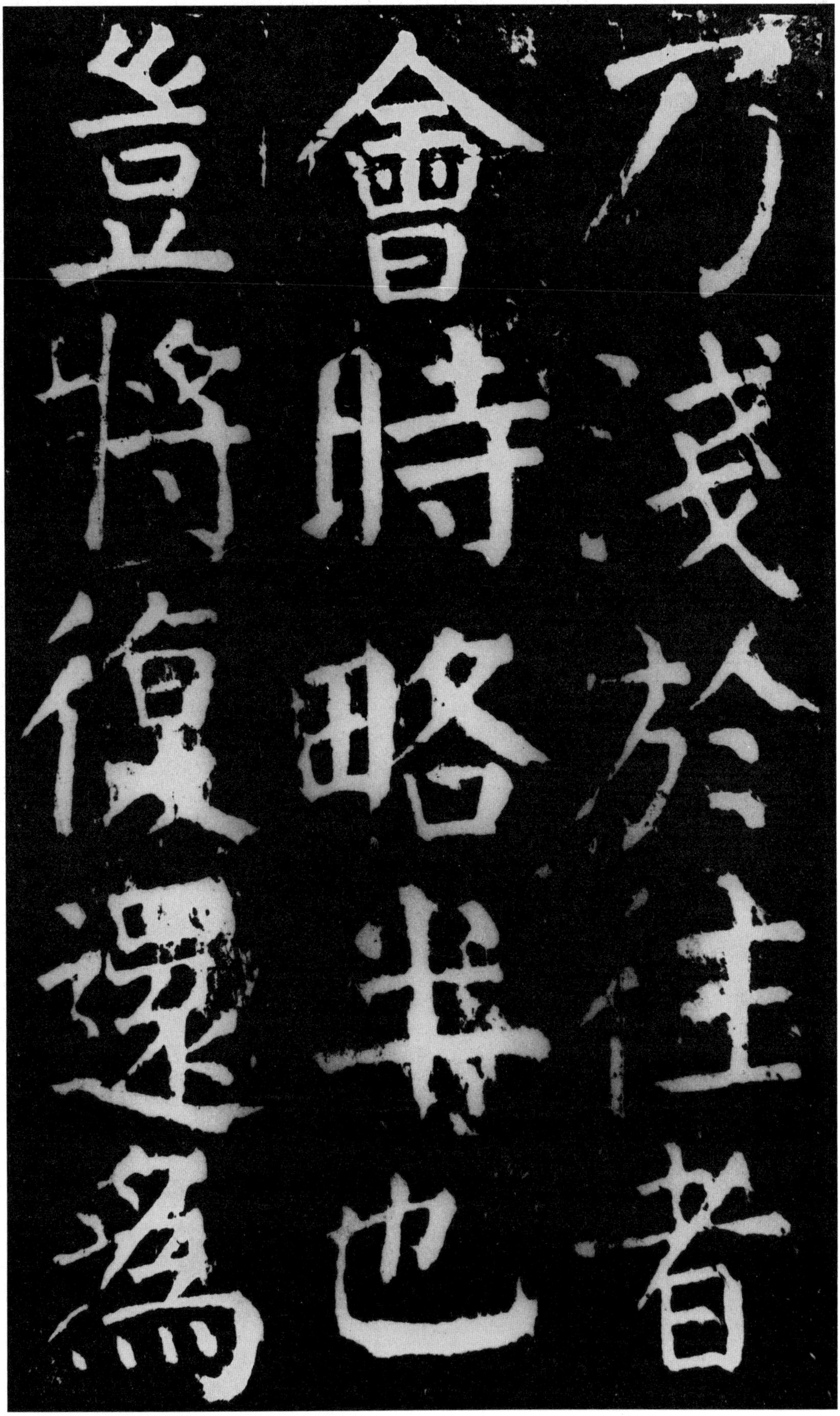

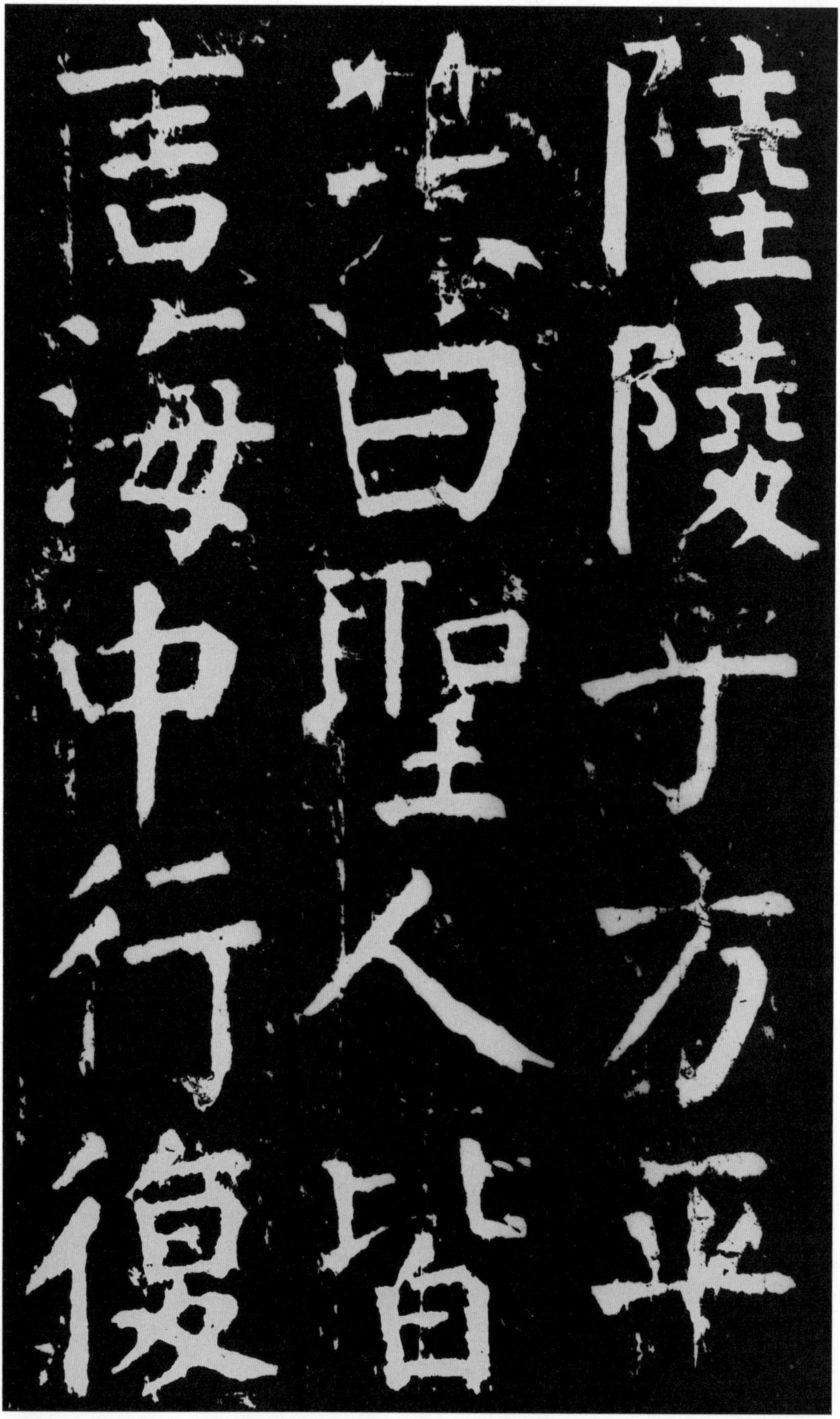

陆陵乎？』方平笑曰：『圣人皆言，海中行复

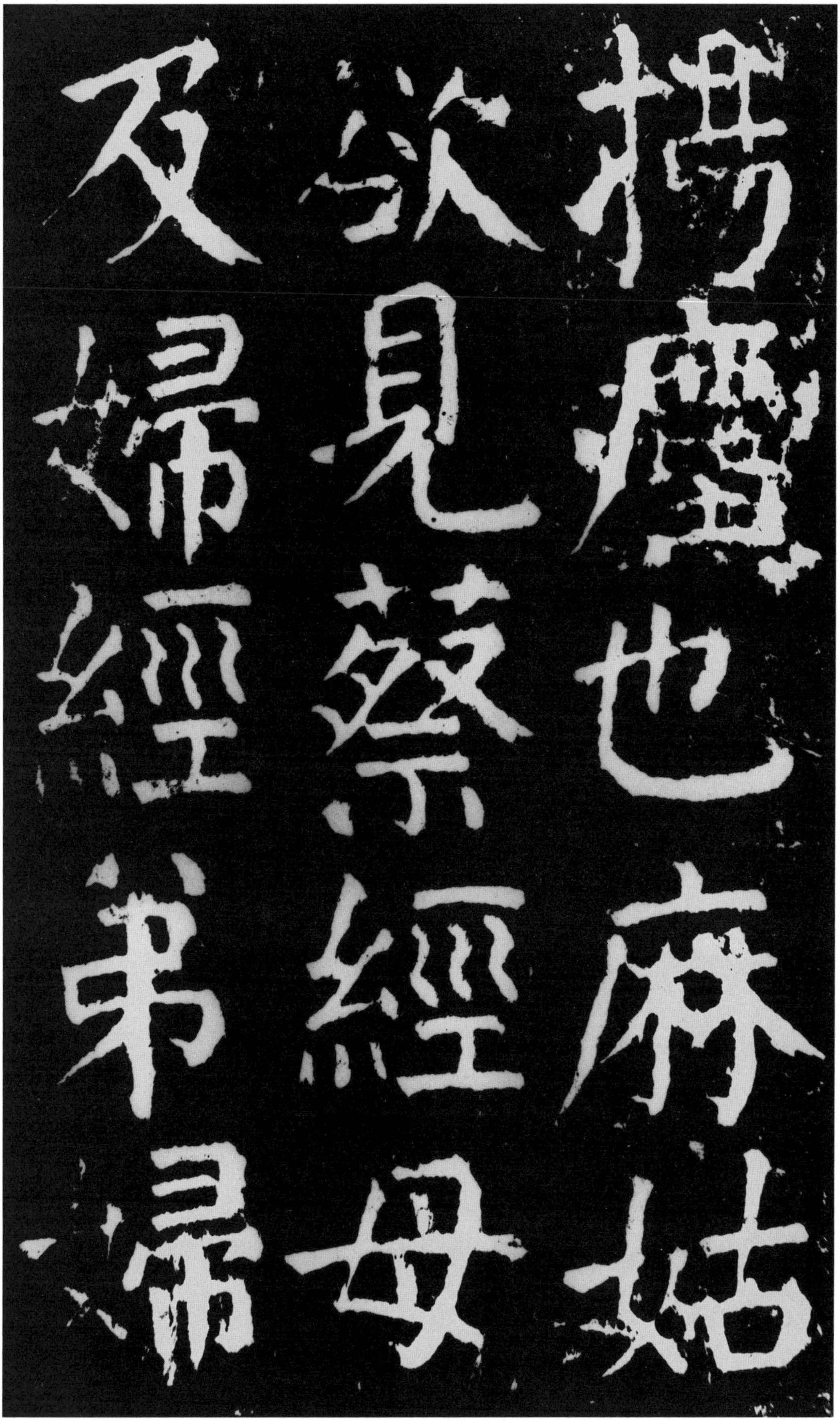

扬尘也。』麻姑欲见蔡经母及妇，经弟妇

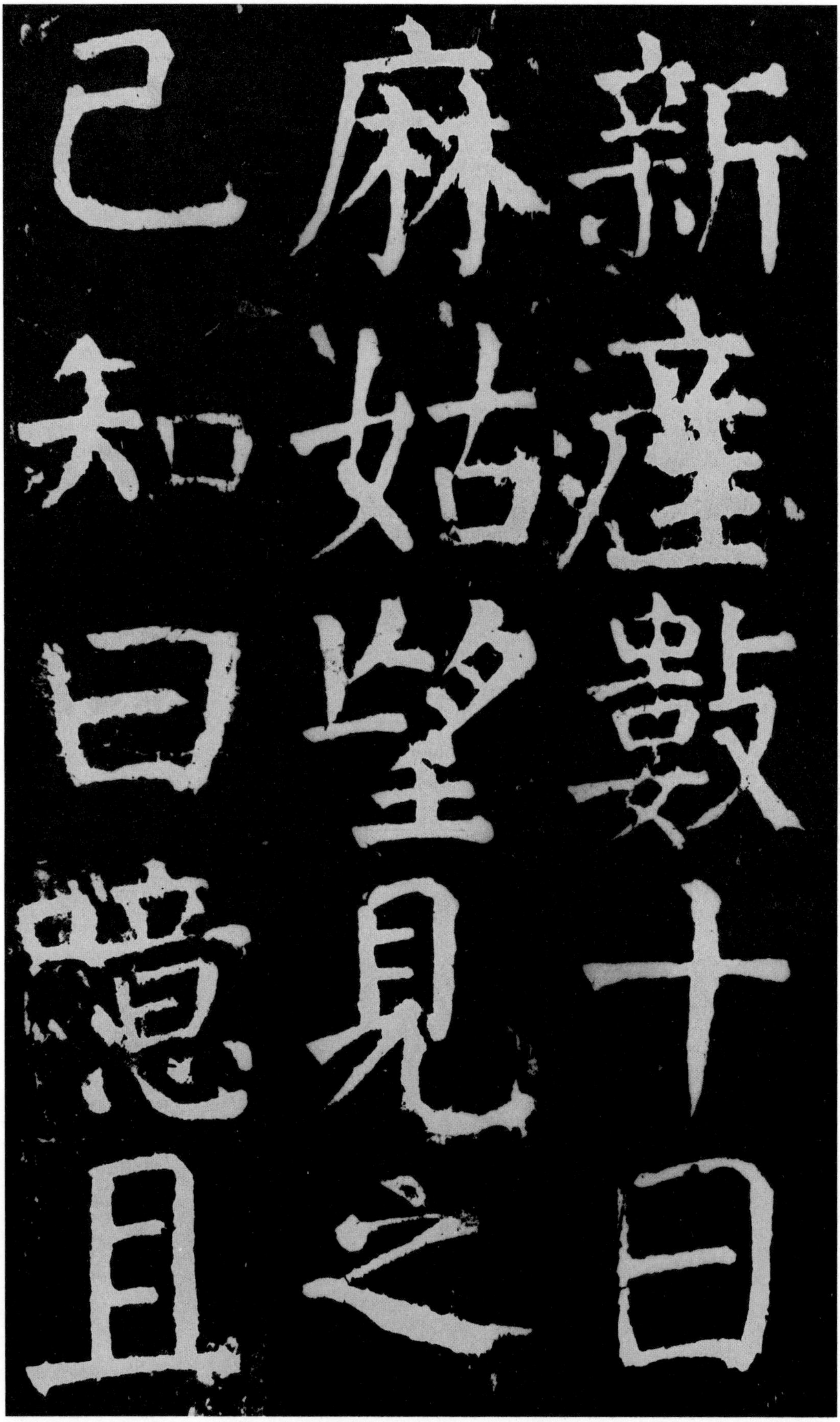

新产数十日，麻姑望见之，已知。曰：『噫！且

止勿前。』即求少许米，便以掷之，堕地即

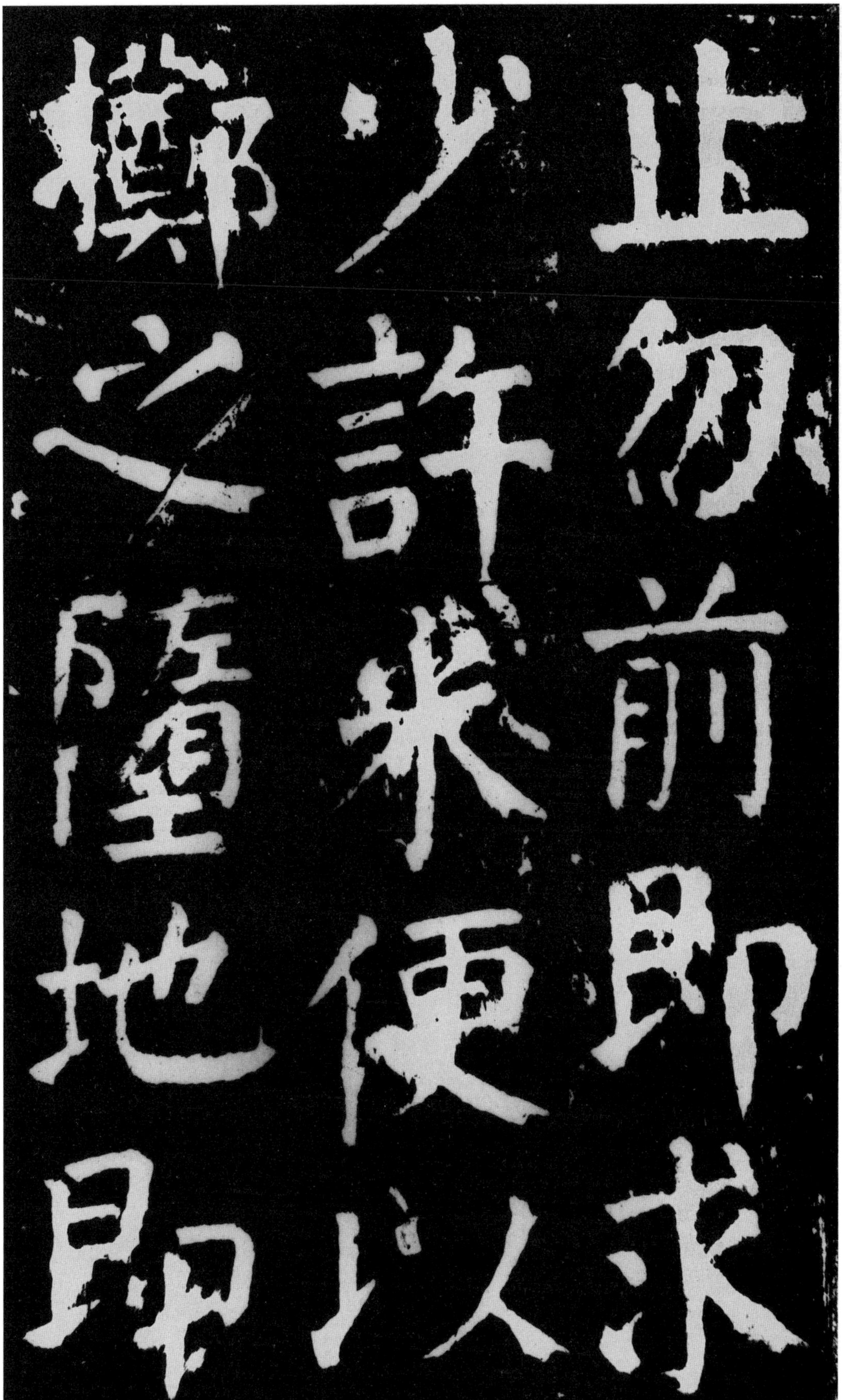

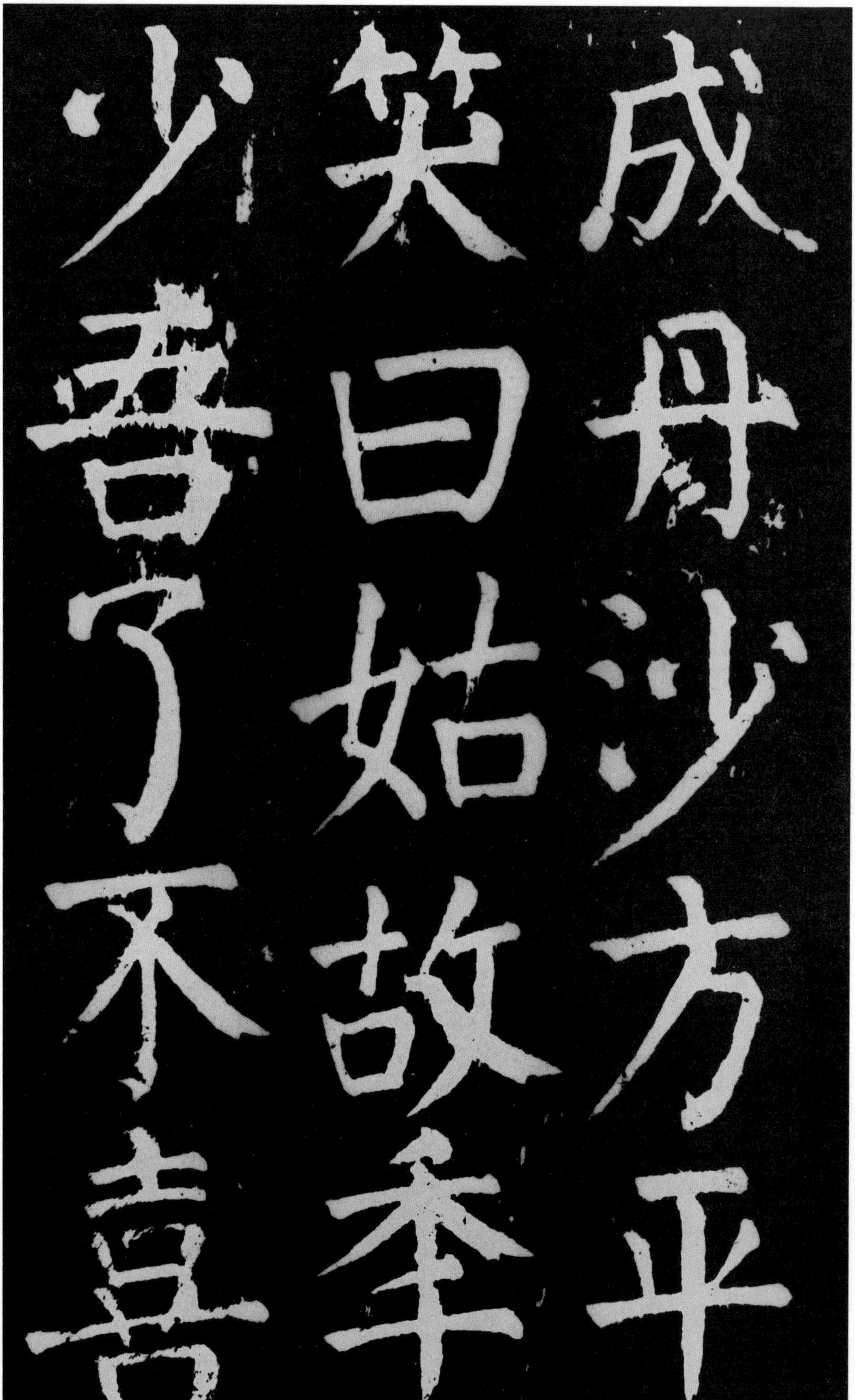

成丹沙。方平笑曰：『姑故年少，吾了不喜

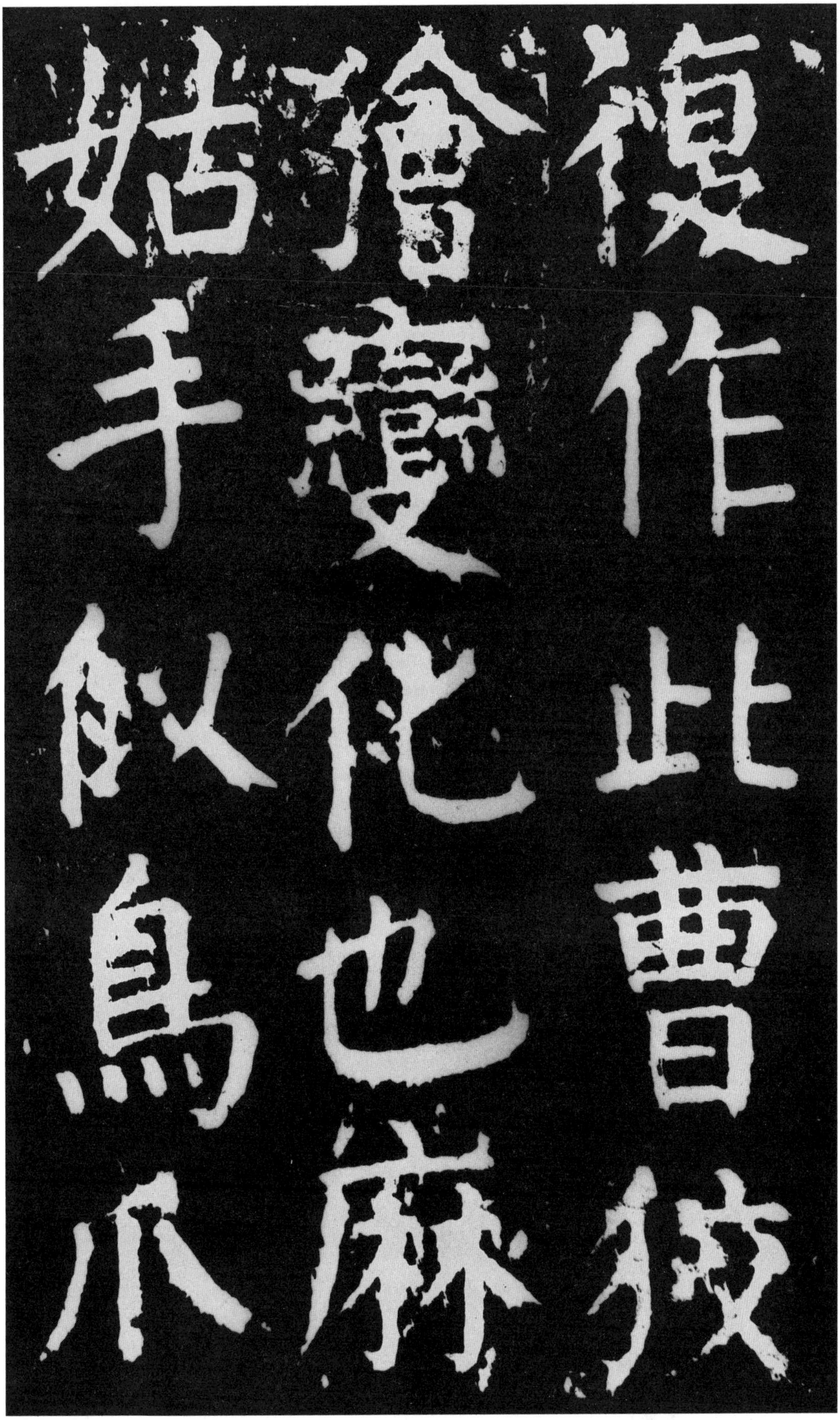

复作此曹狡狯变化也。』麻姑手似鸟爪，

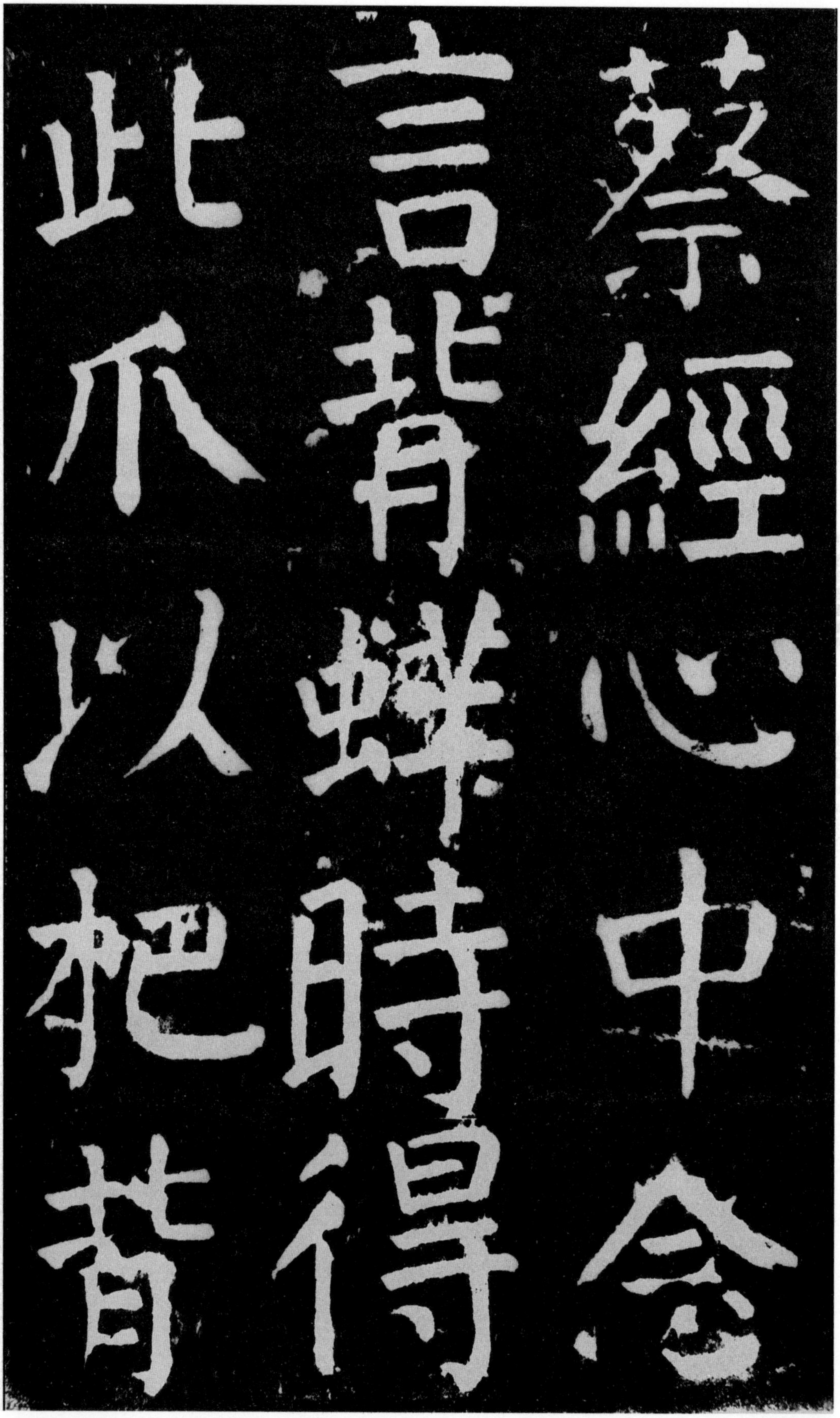

蔡经心中念言：『背蛘（痒）时，得此爪以把背，

乃佳也。』方平已知经心中念言，即使人

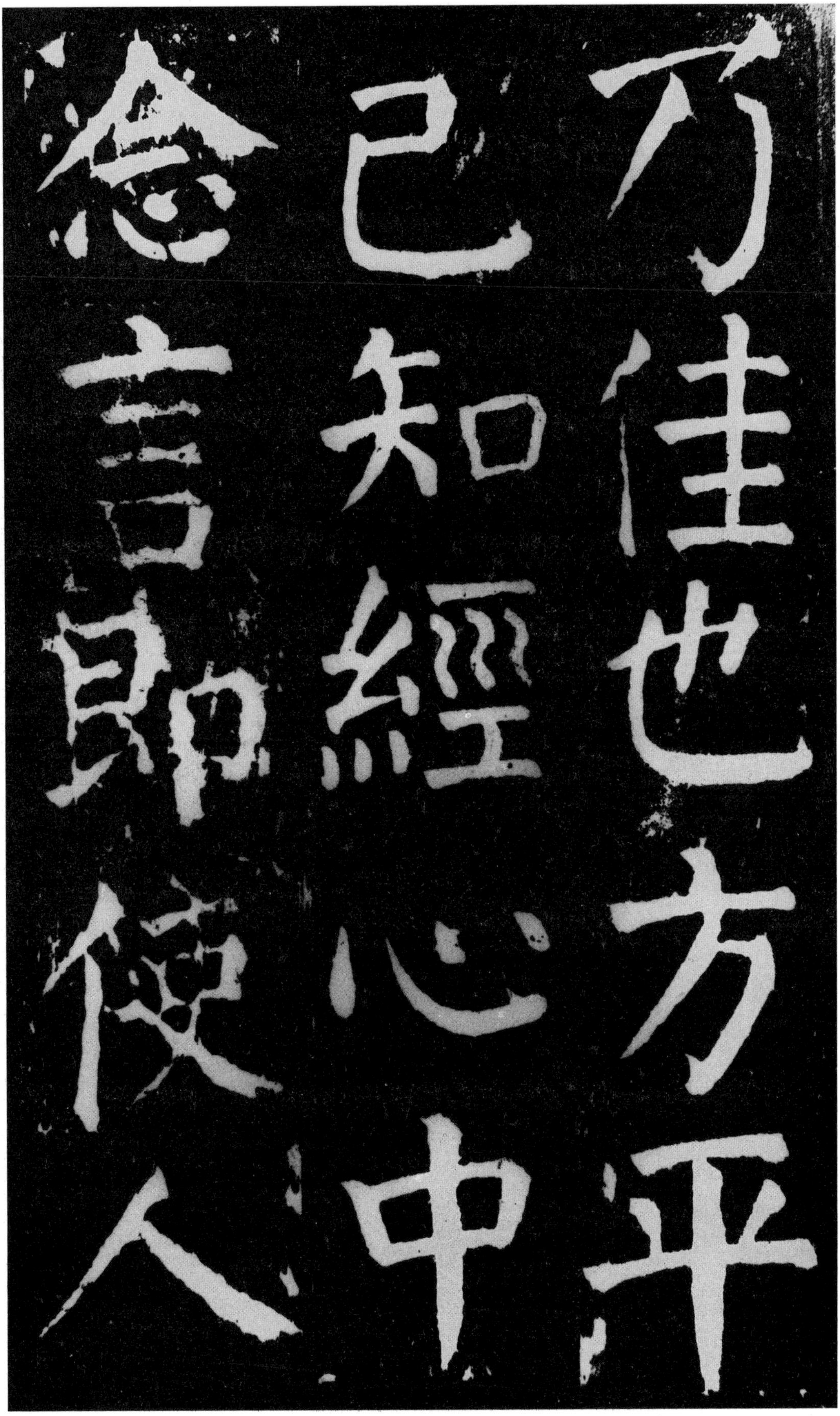
乃佳也方平
已知經心中
念言即使人

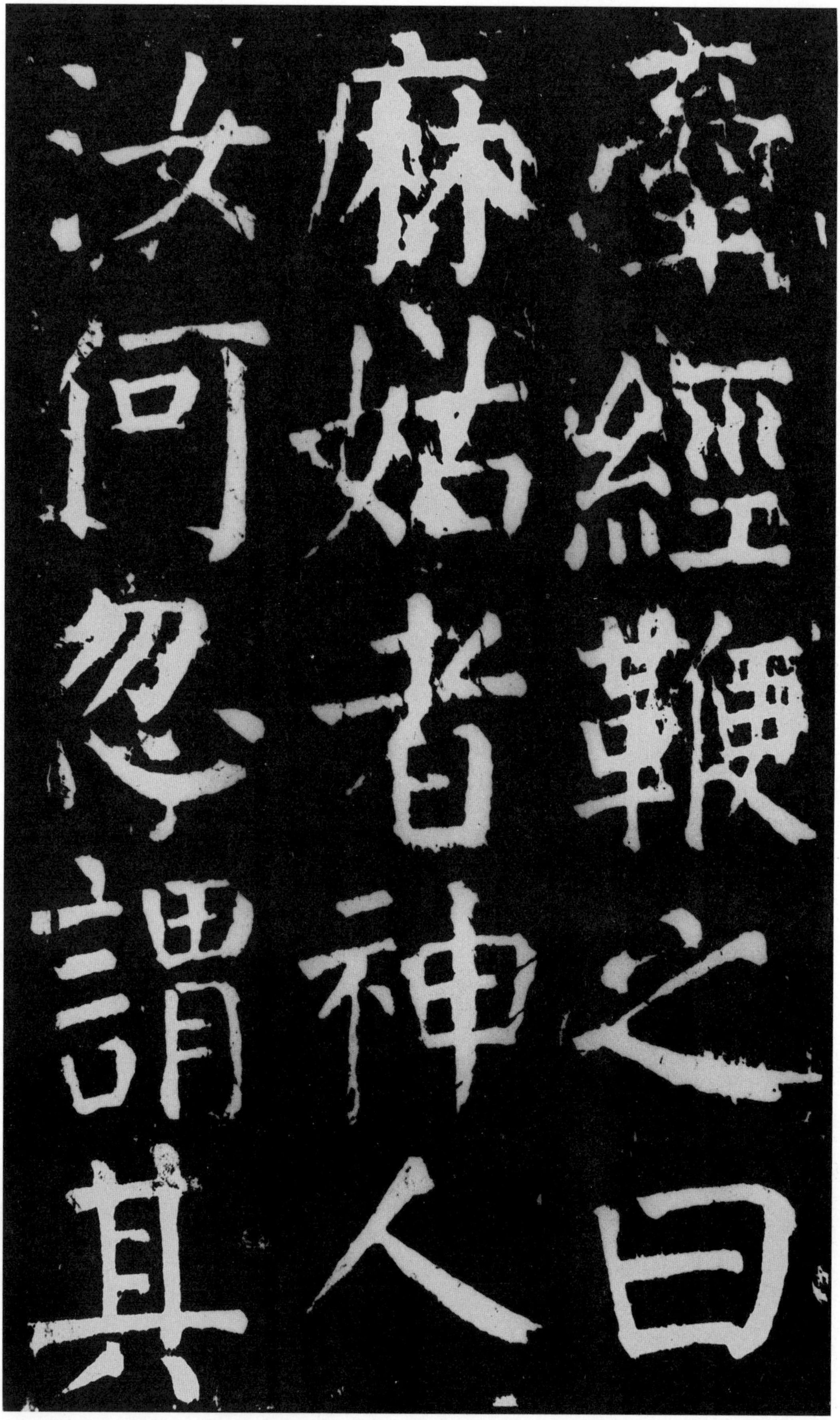

牵经鞭之，曰：『麻姑者，神人，汝何忽谓其

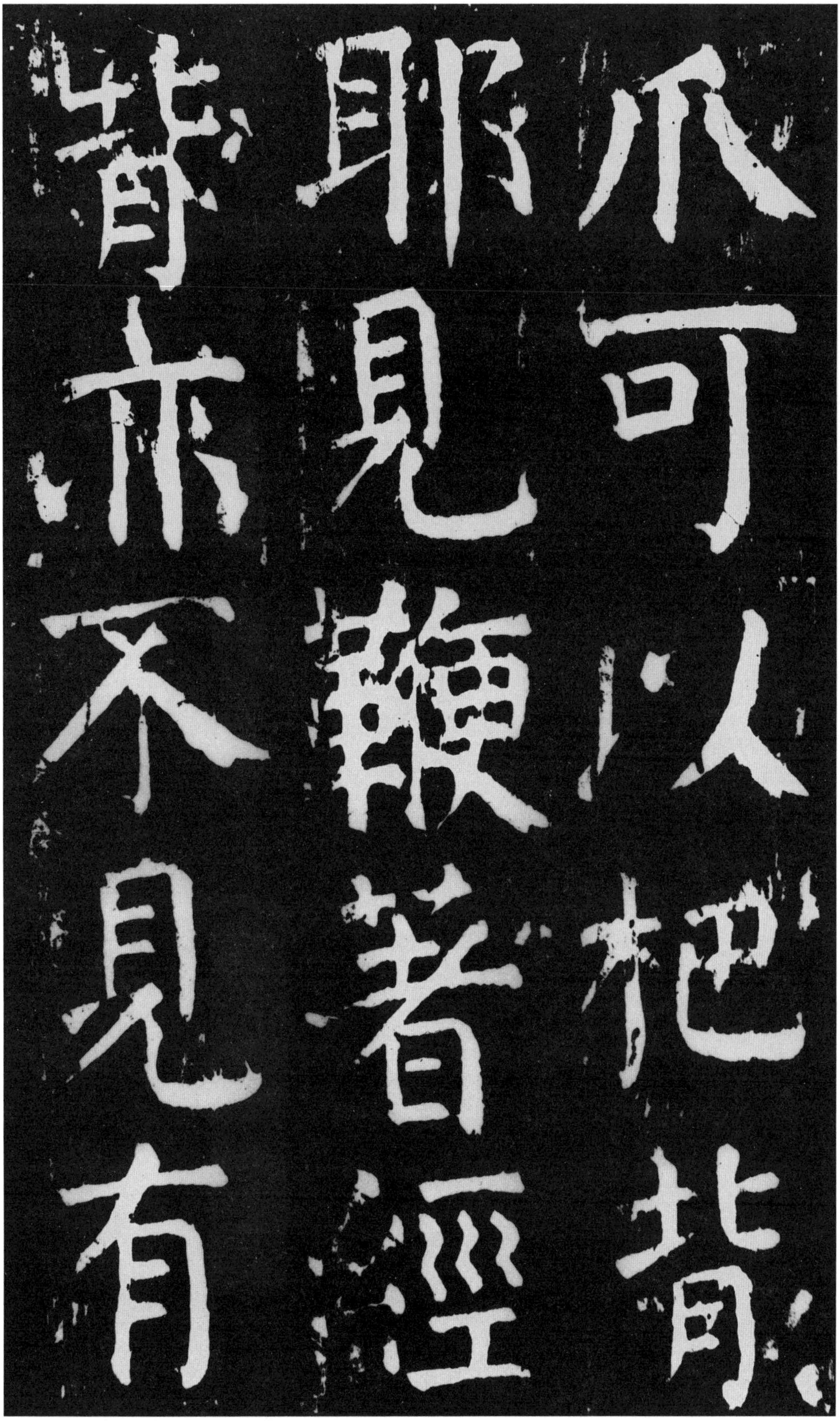

爪可以把背耶？』见鞭著经背，亦不见有

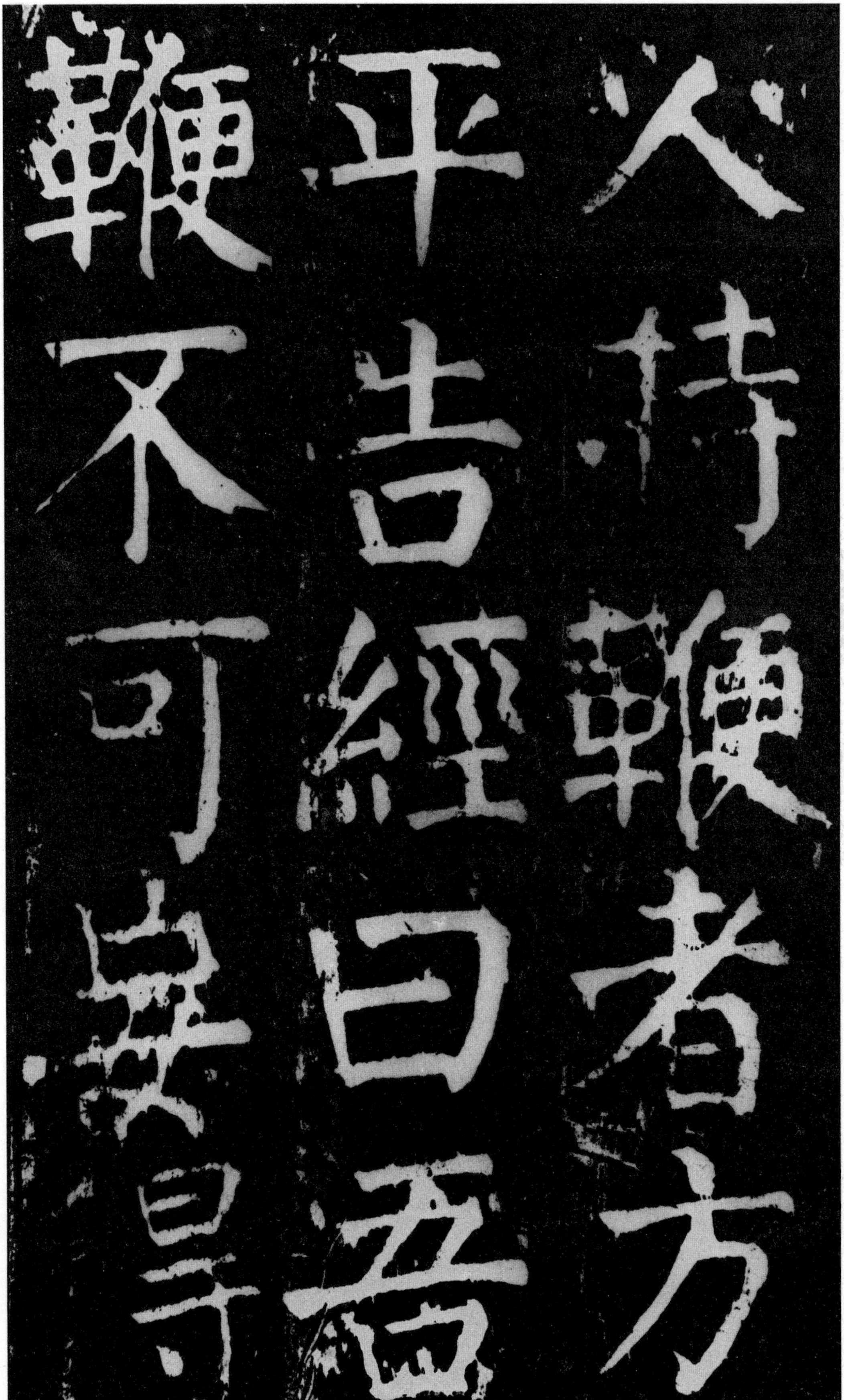

人持鞭者。方平告经曰：『吾鞭不可妄得

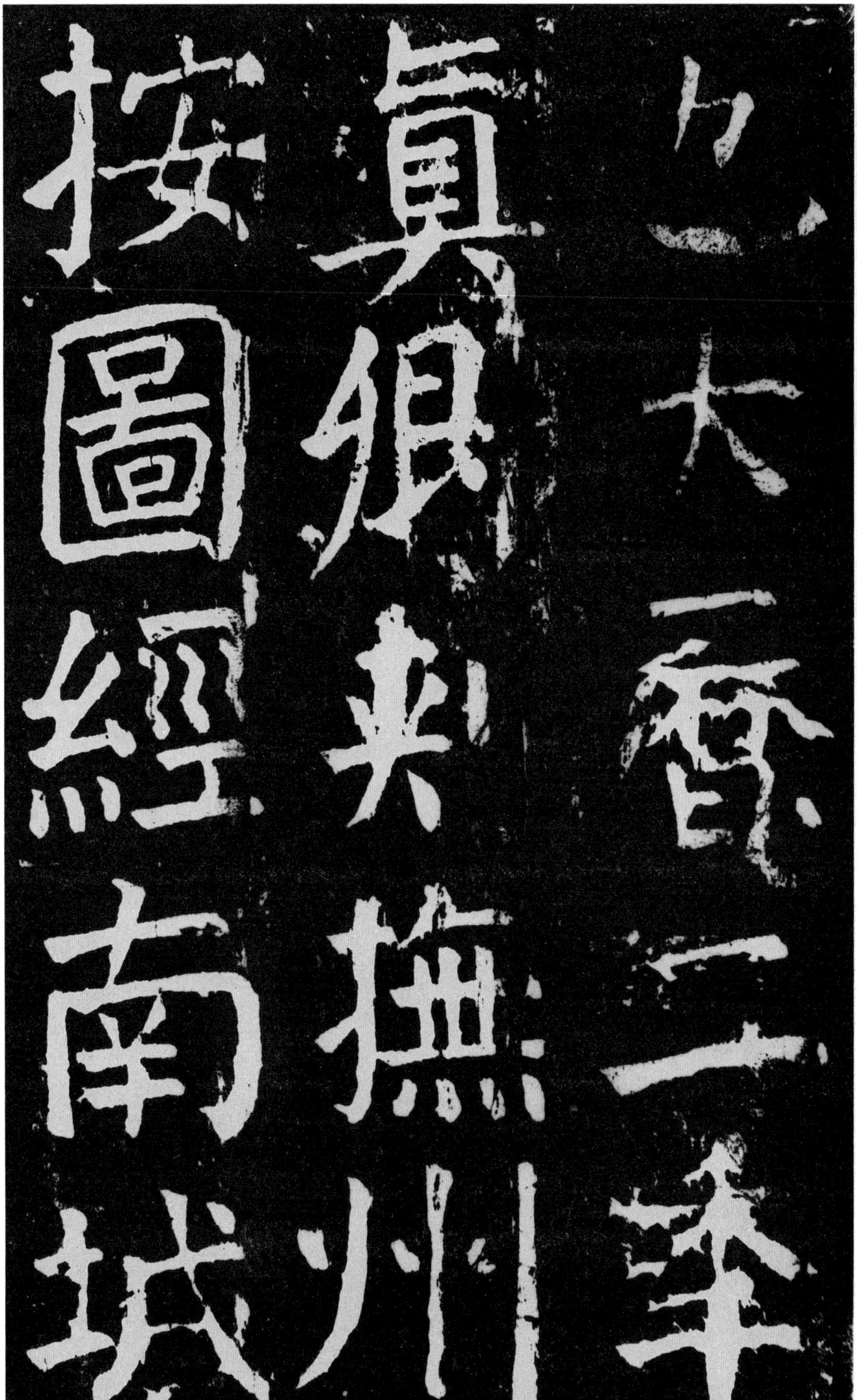

也。』大历三年，真卿刺抚州。按《图经》，南城

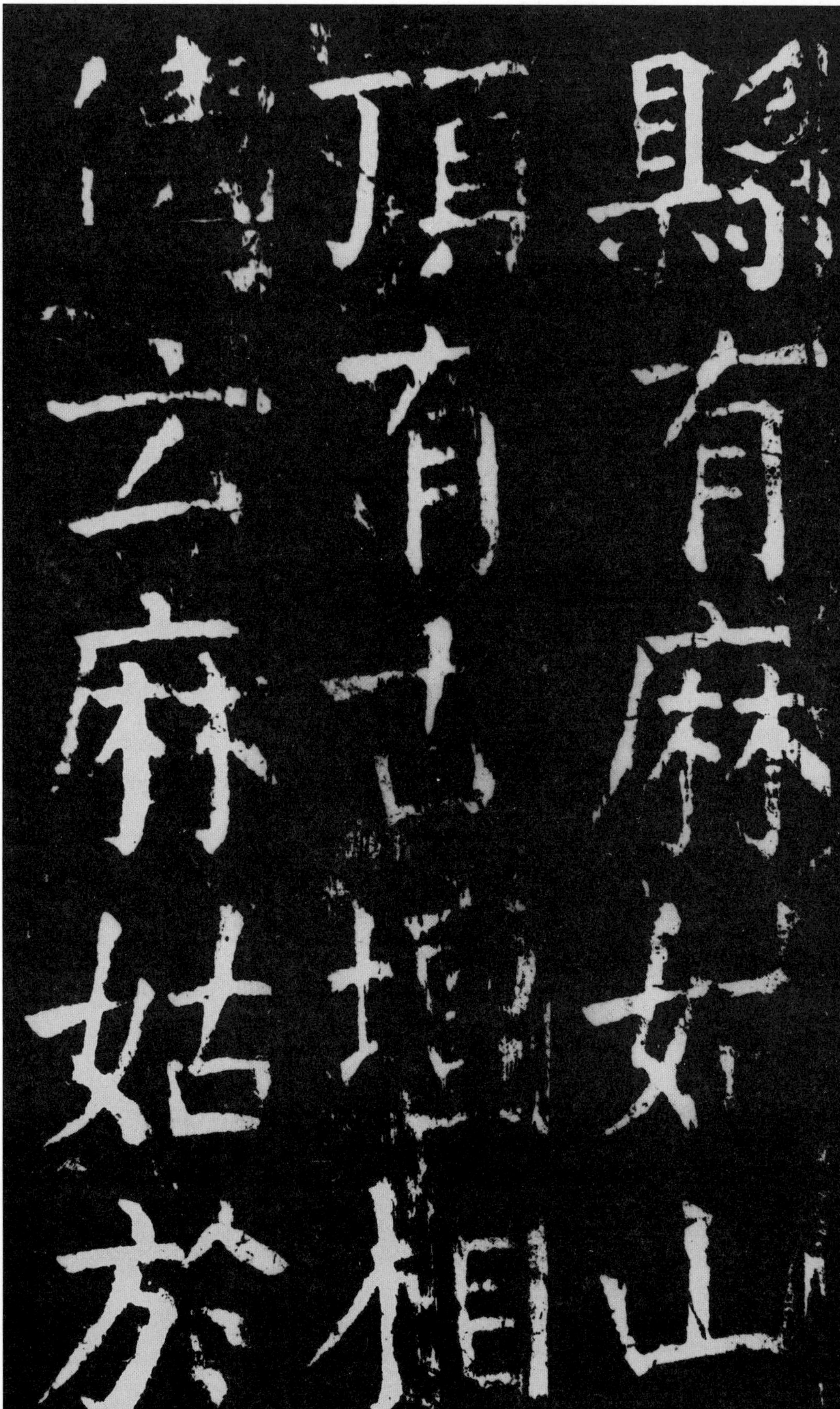

县有麻姑山，顶有古坛，相传云麻姑于

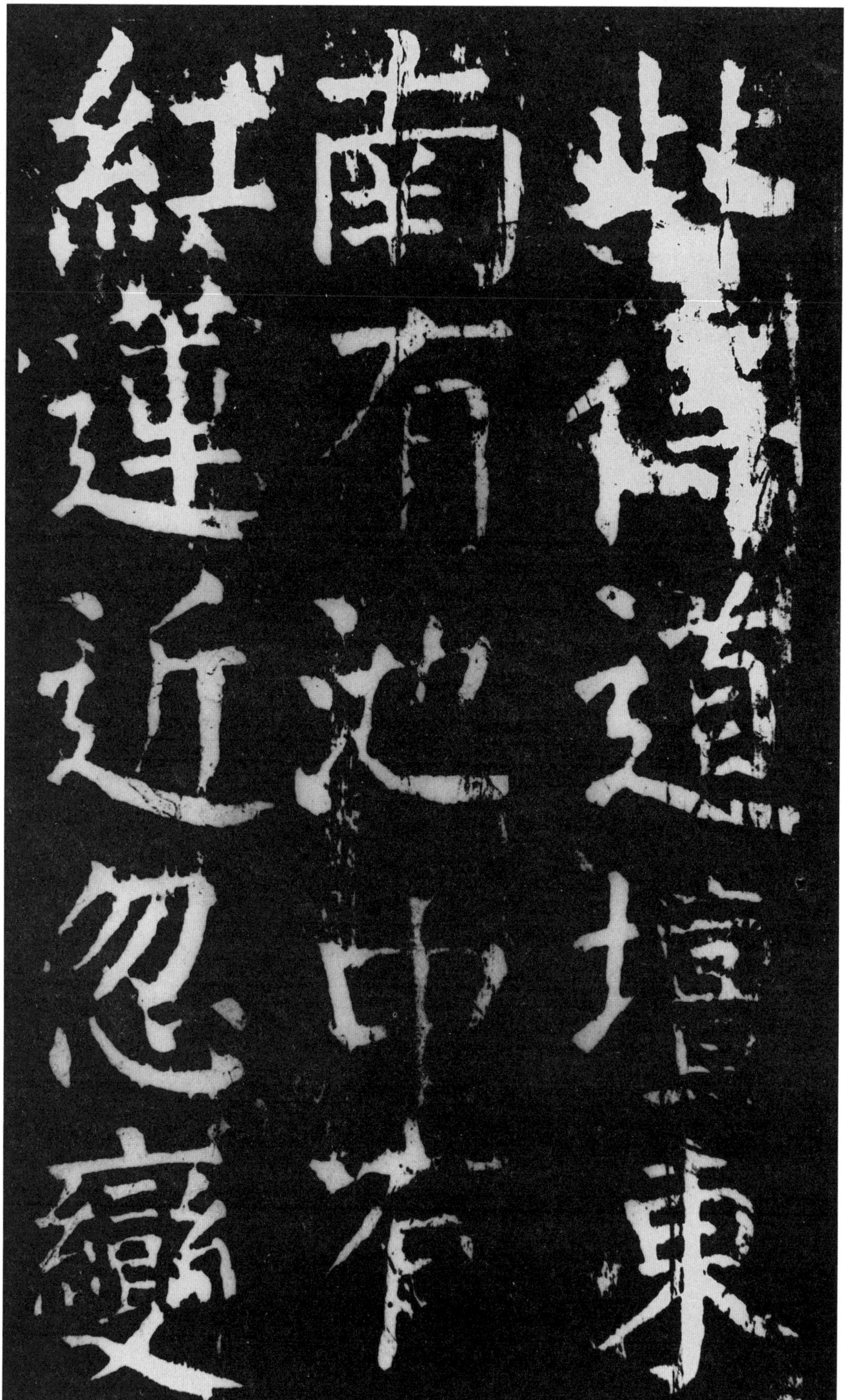

此得道。坛东南有池，中有红莲，近忽变

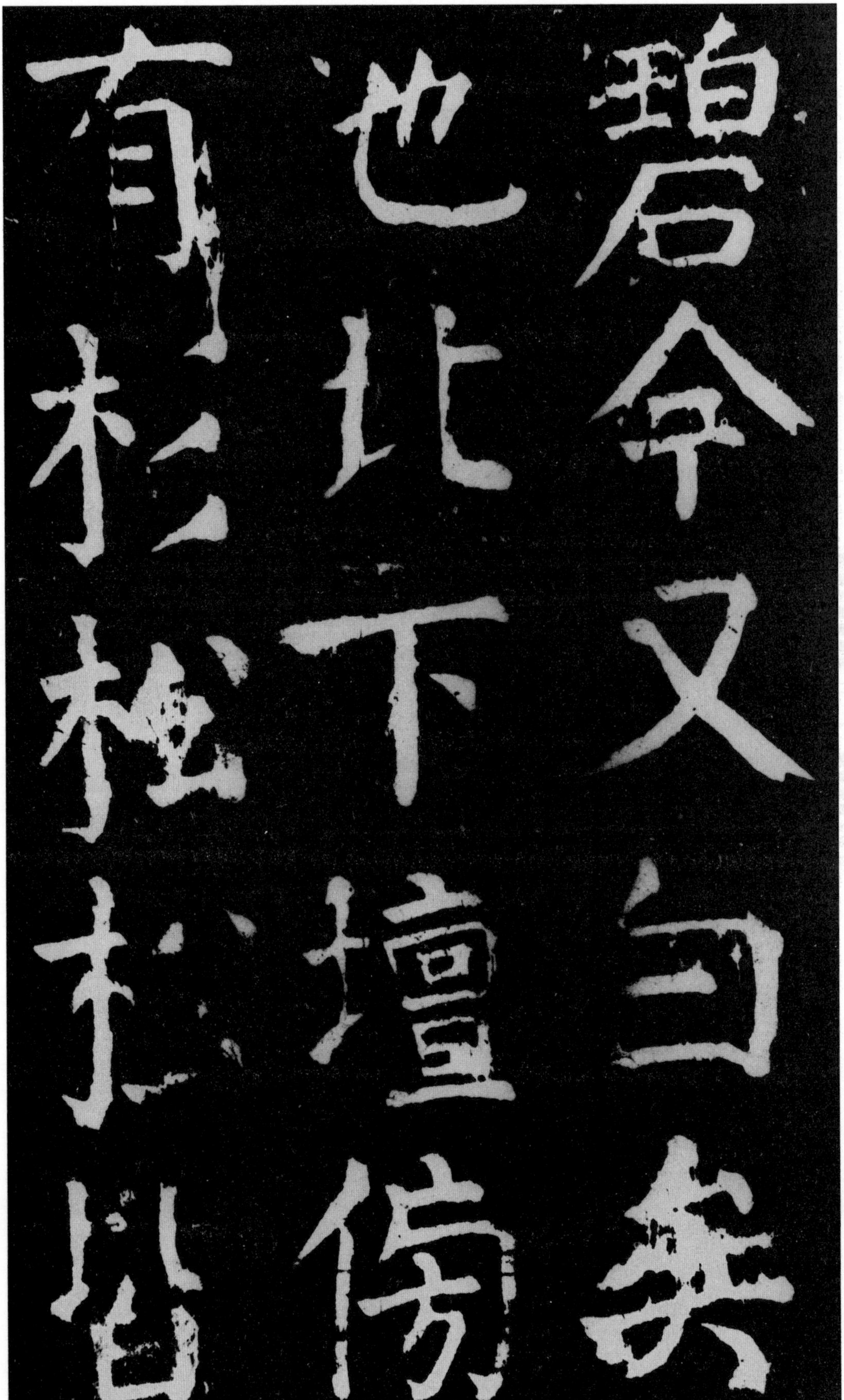

碧，今又白矣。池北下坛傍有杉松，松皆

偃盖，时闻步虚钟磬之音。东南有瀑布，

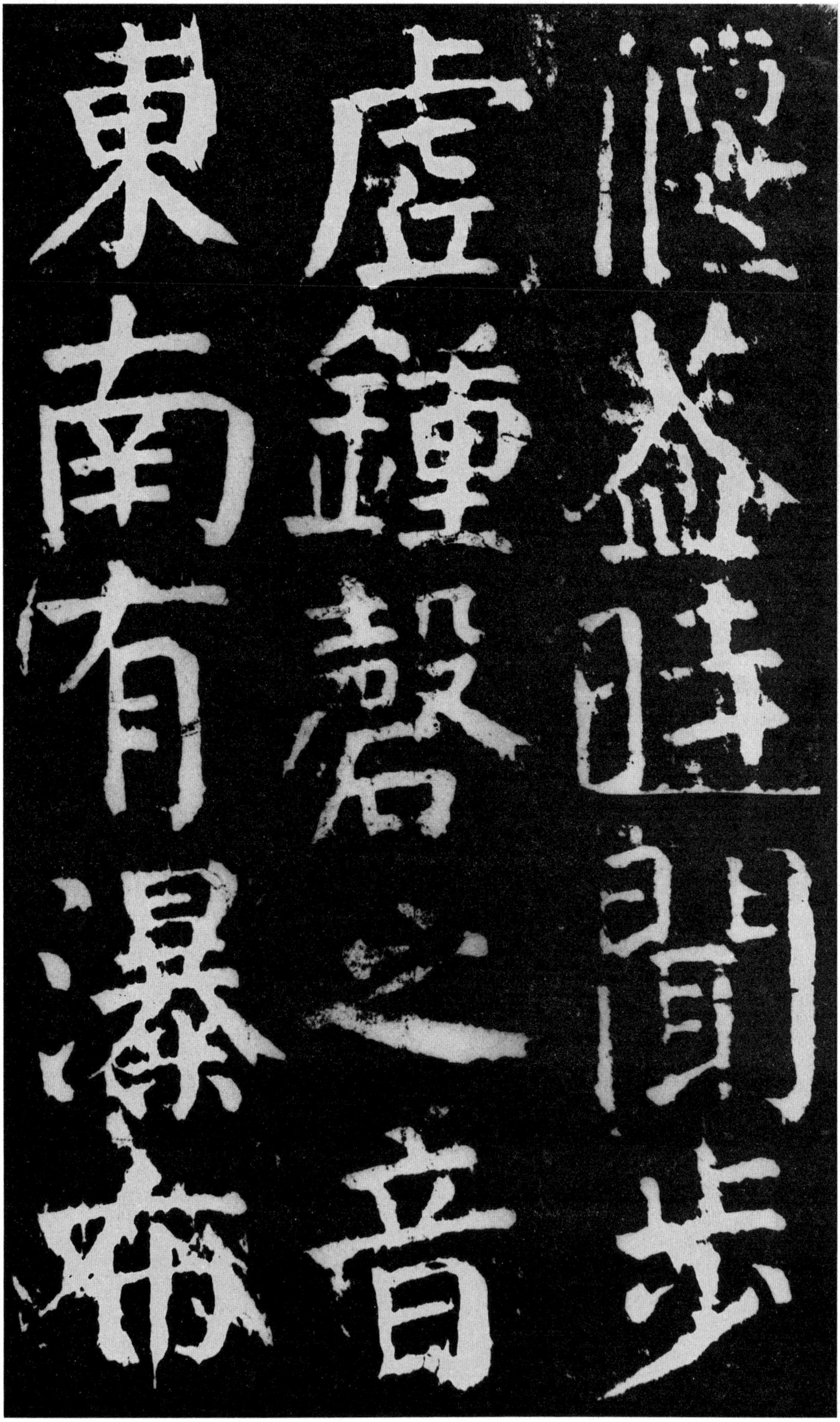

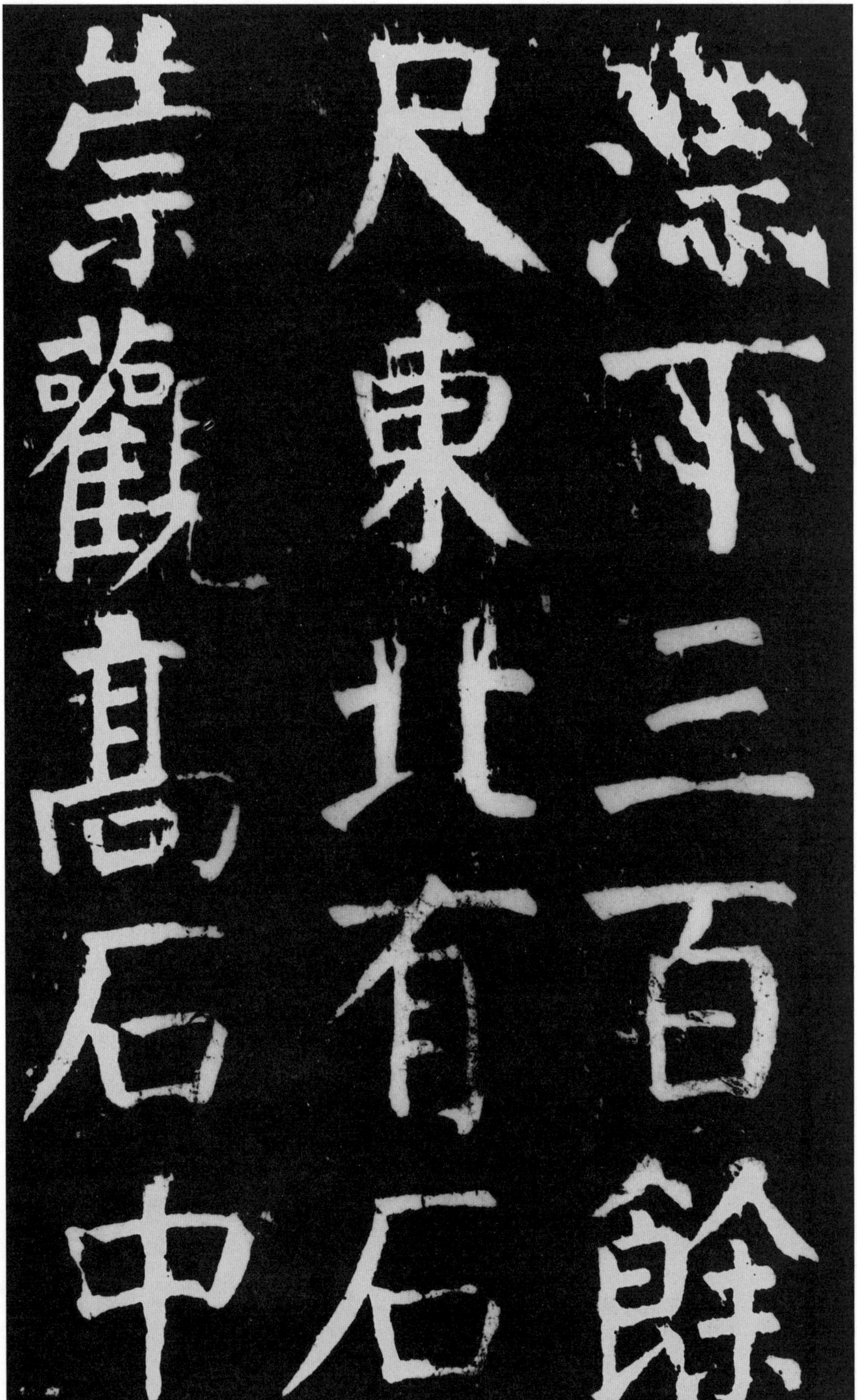

淙下三百余尺。东北有石崇观，高石中

犹有螺蚌壳，或以为桑田所变。西北有

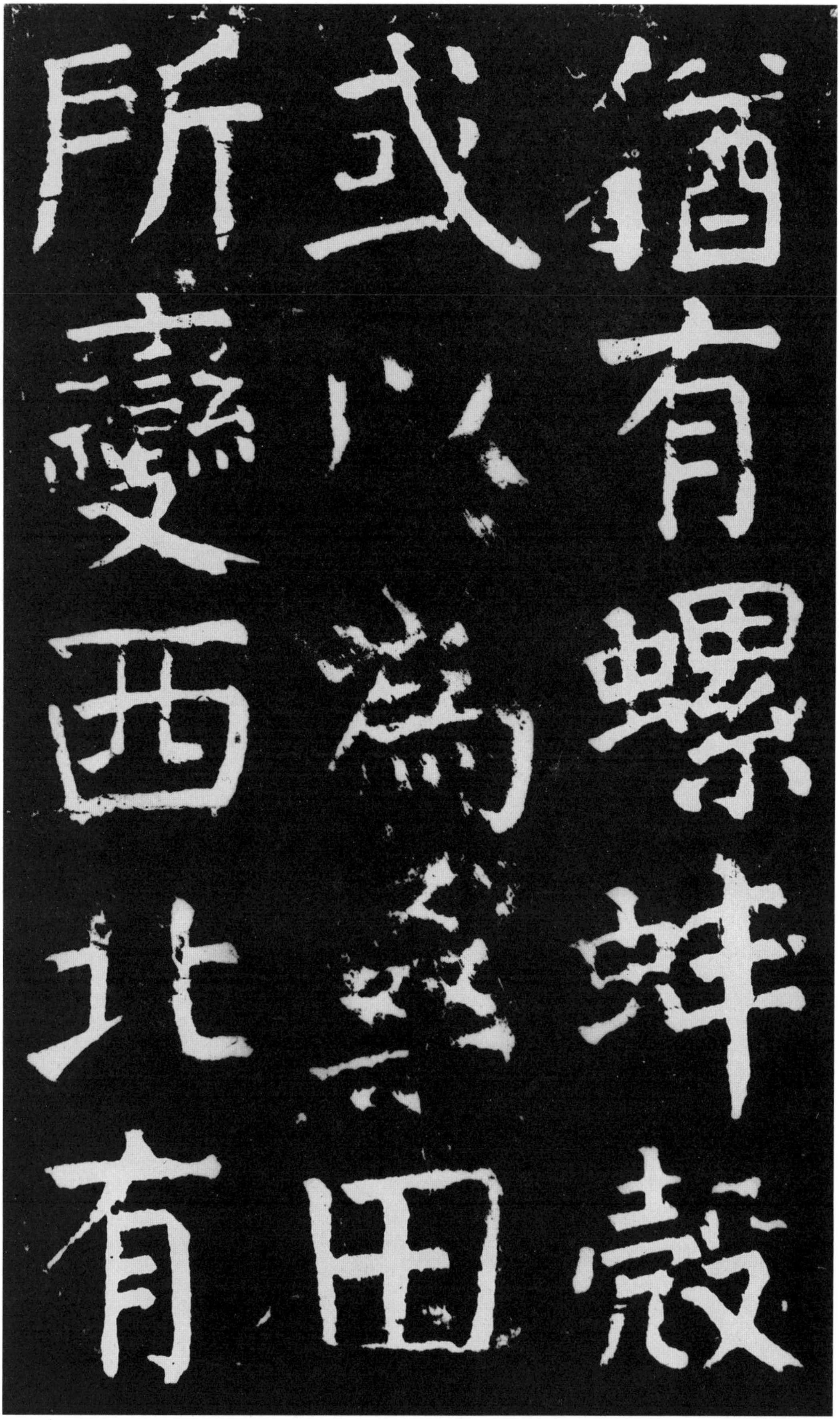

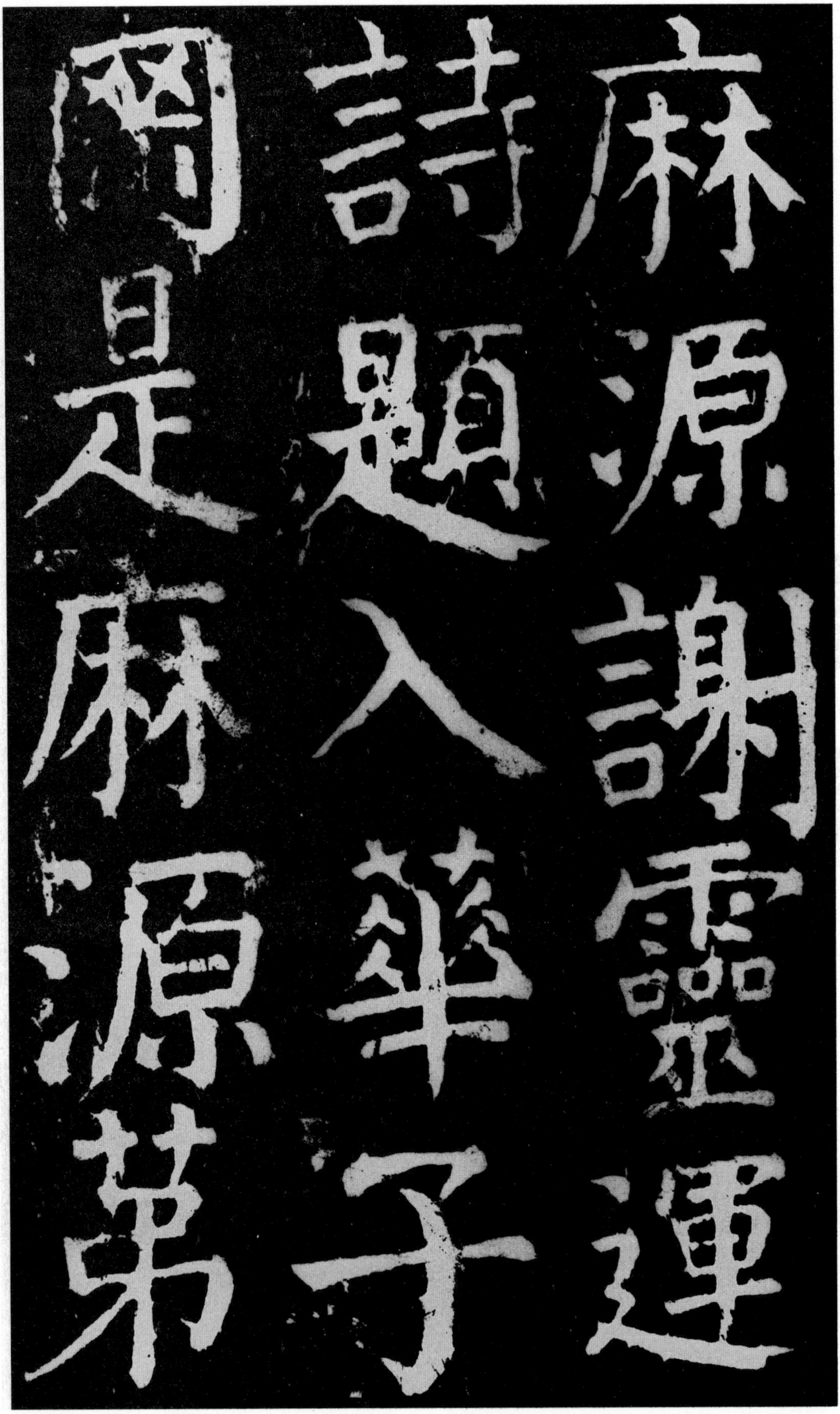
麻源謝靈運
詩題入華子
岡是麻源第

麻源，谢灵运诗题《入华子冈是麻源第

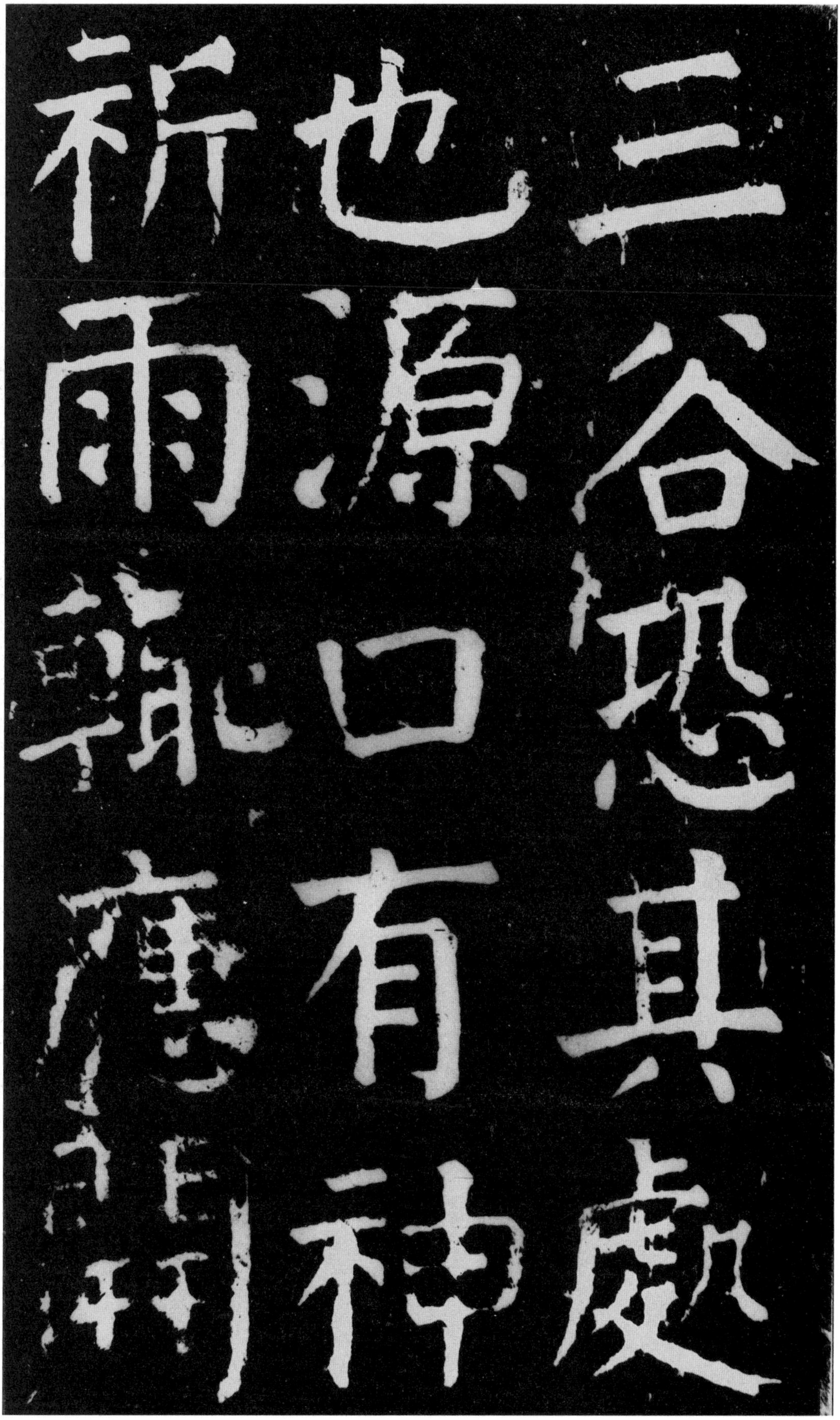

三谷》，恐其处也。源口有神，祈雨辄应。开

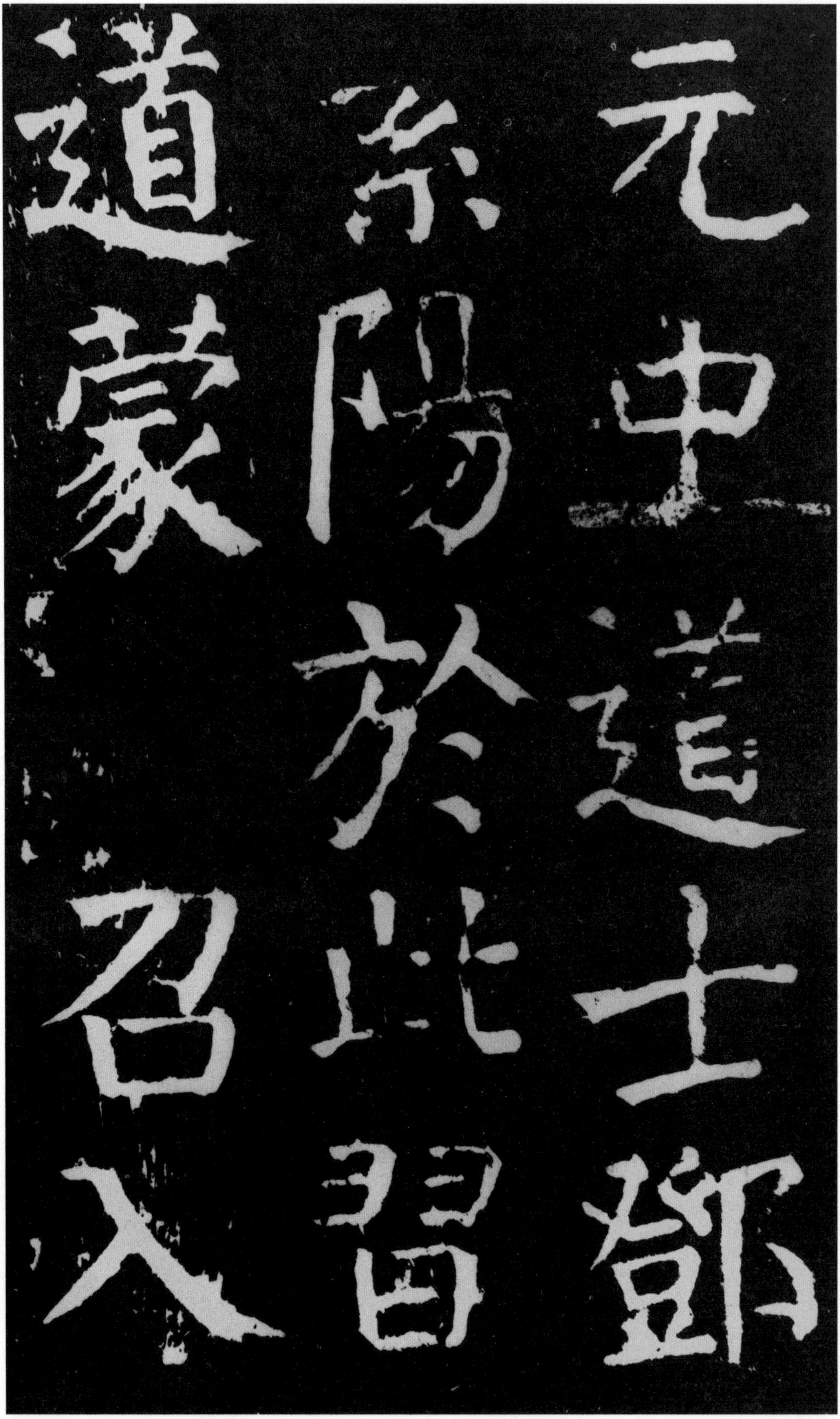
元中道士鄧
紫陽於此習
道蒙召入

元中，道士邓紫阳于此习道，蒙召入

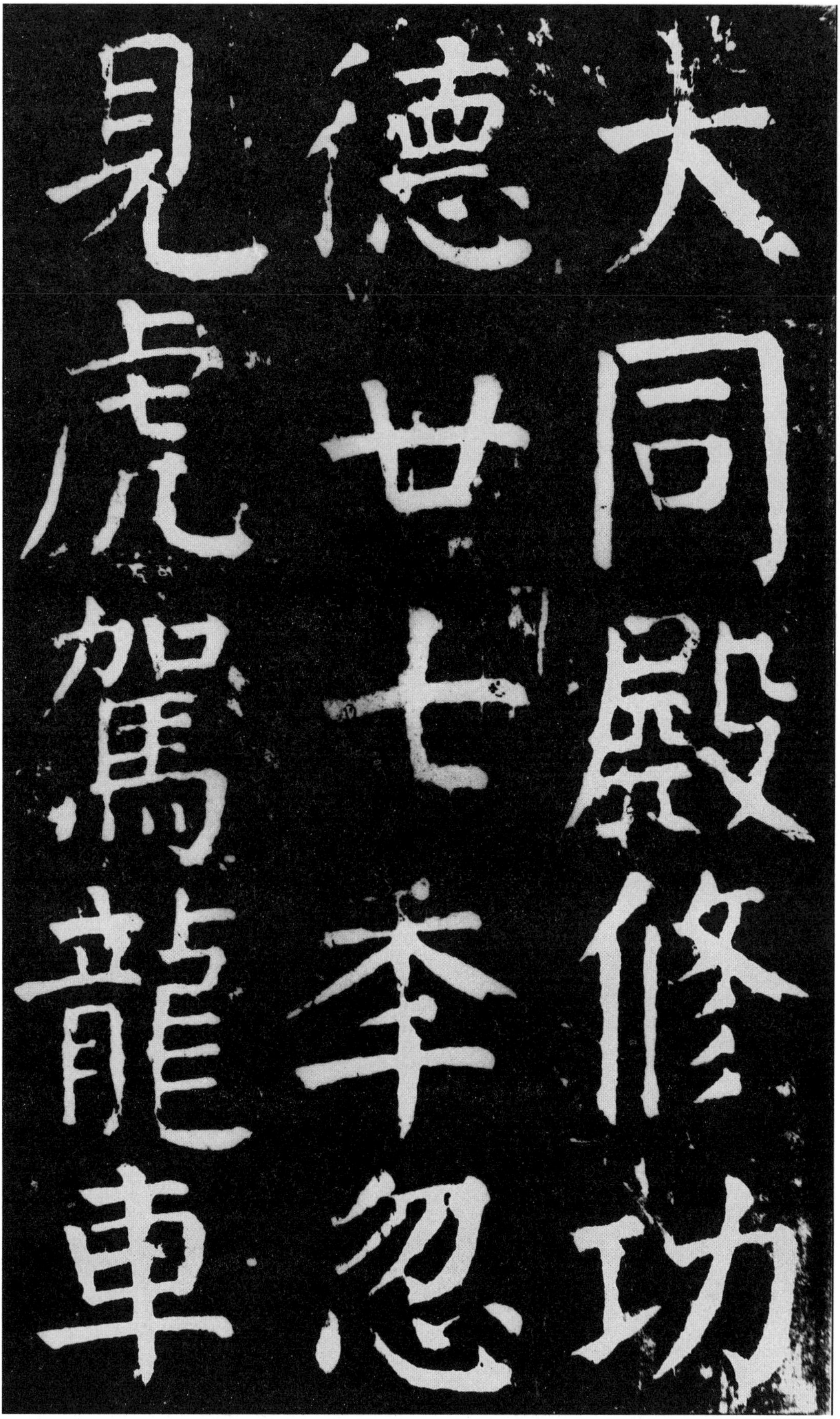

大同殿修功德。廿七年，忽见虎驾龙车，

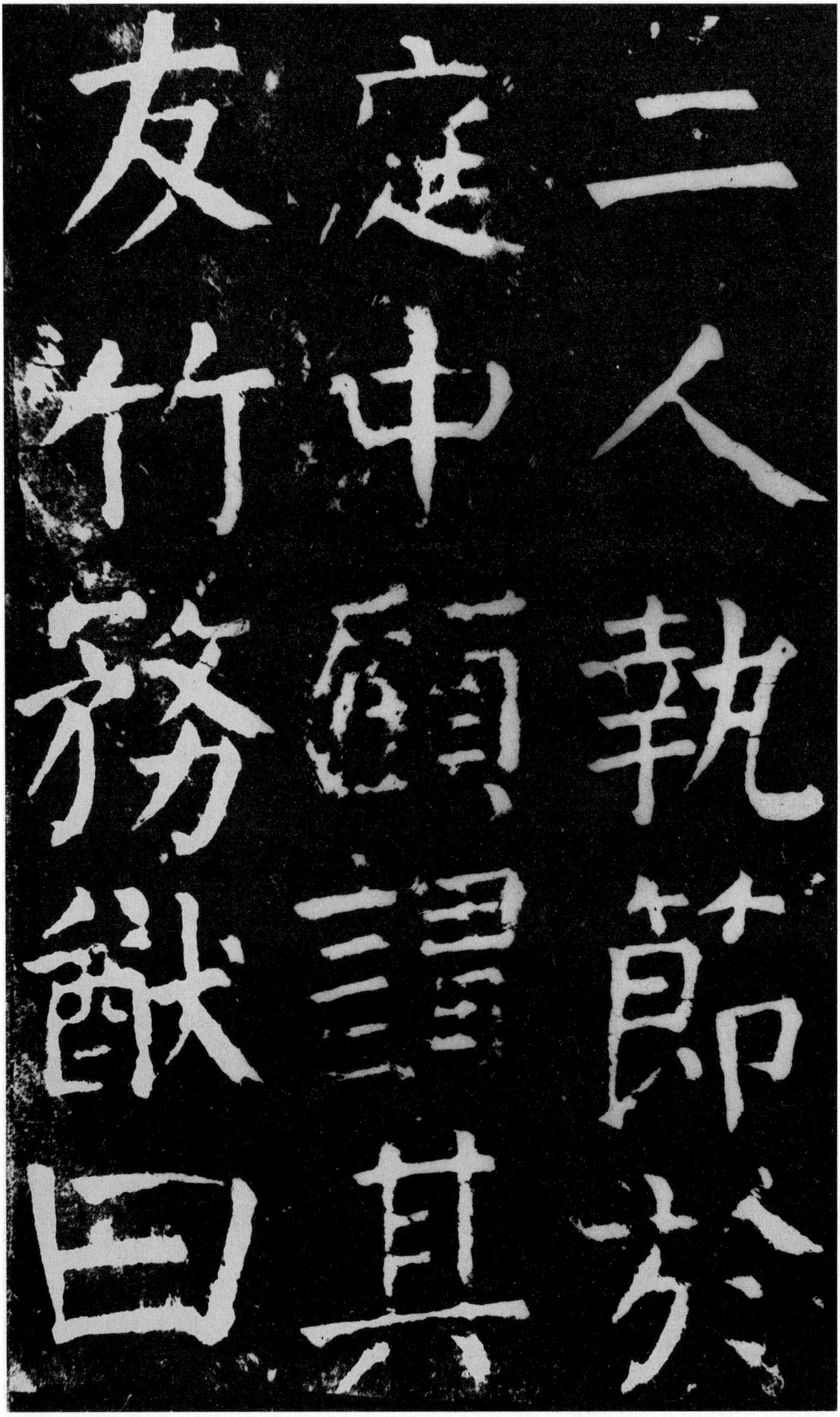

二人执节於庭中。顾谓其友竹务猷曰：

此迎我也可
為吾奏願欲
歸葬本山仍

『此迎我也，可为吾奏，愿欲归葬本山。』仍

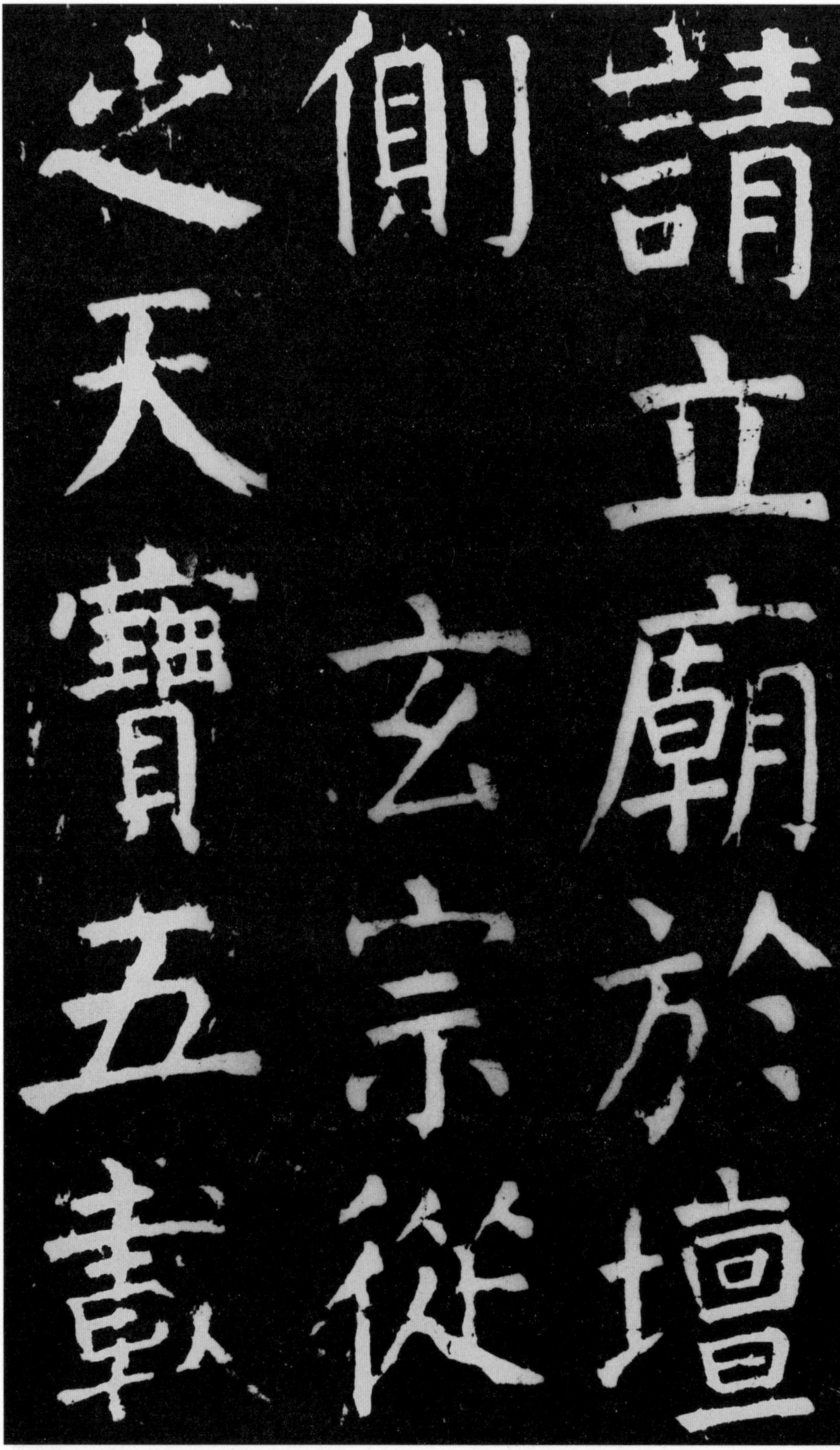
請立廟於壇
側玄宗從
之天寶五載

请立庙於坛侧，玄宗从之。天宝五载，

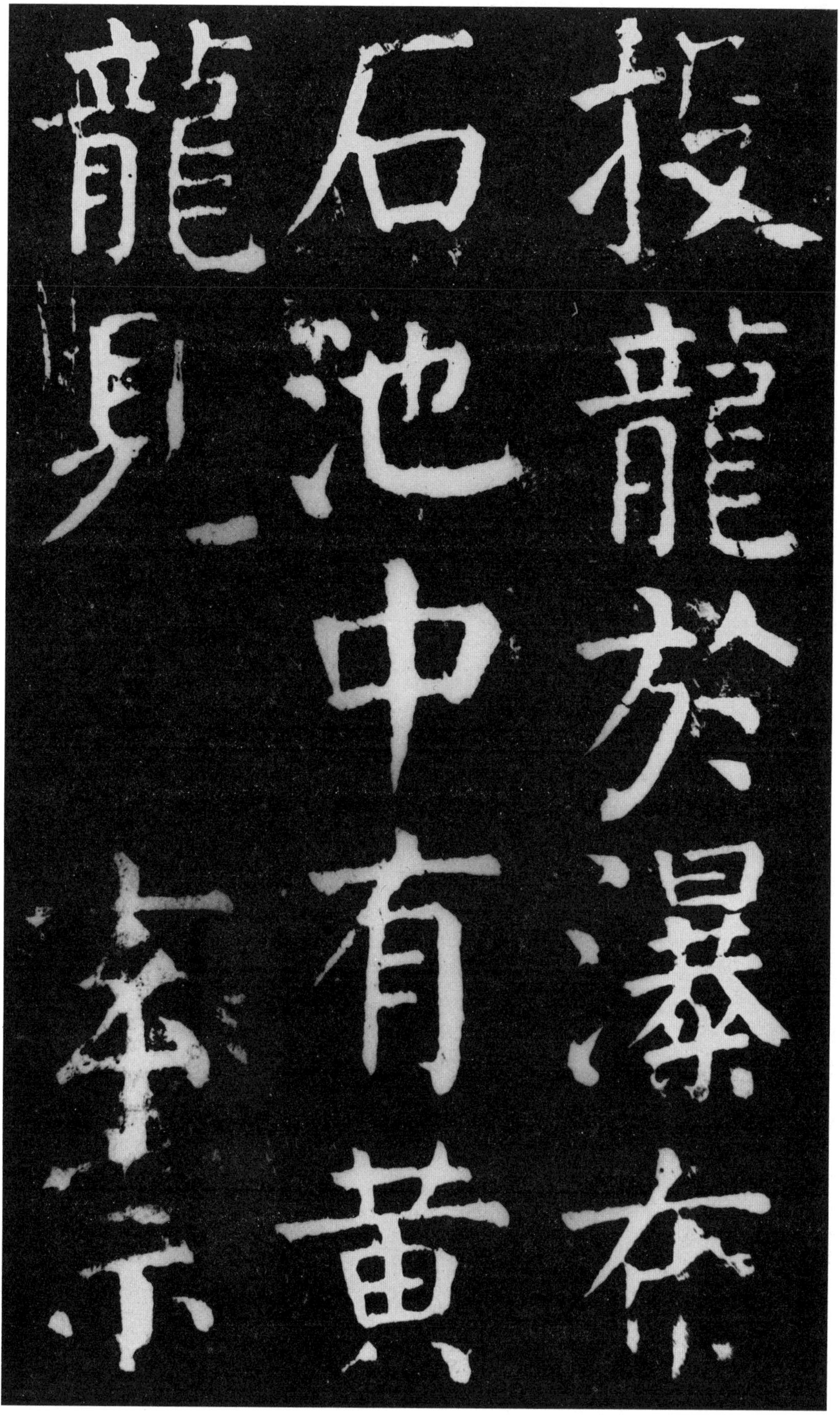
投龍於瀑布石池中有黄龍見玄宗

投龙於瀑布，石池中有黄龙见。玄宗

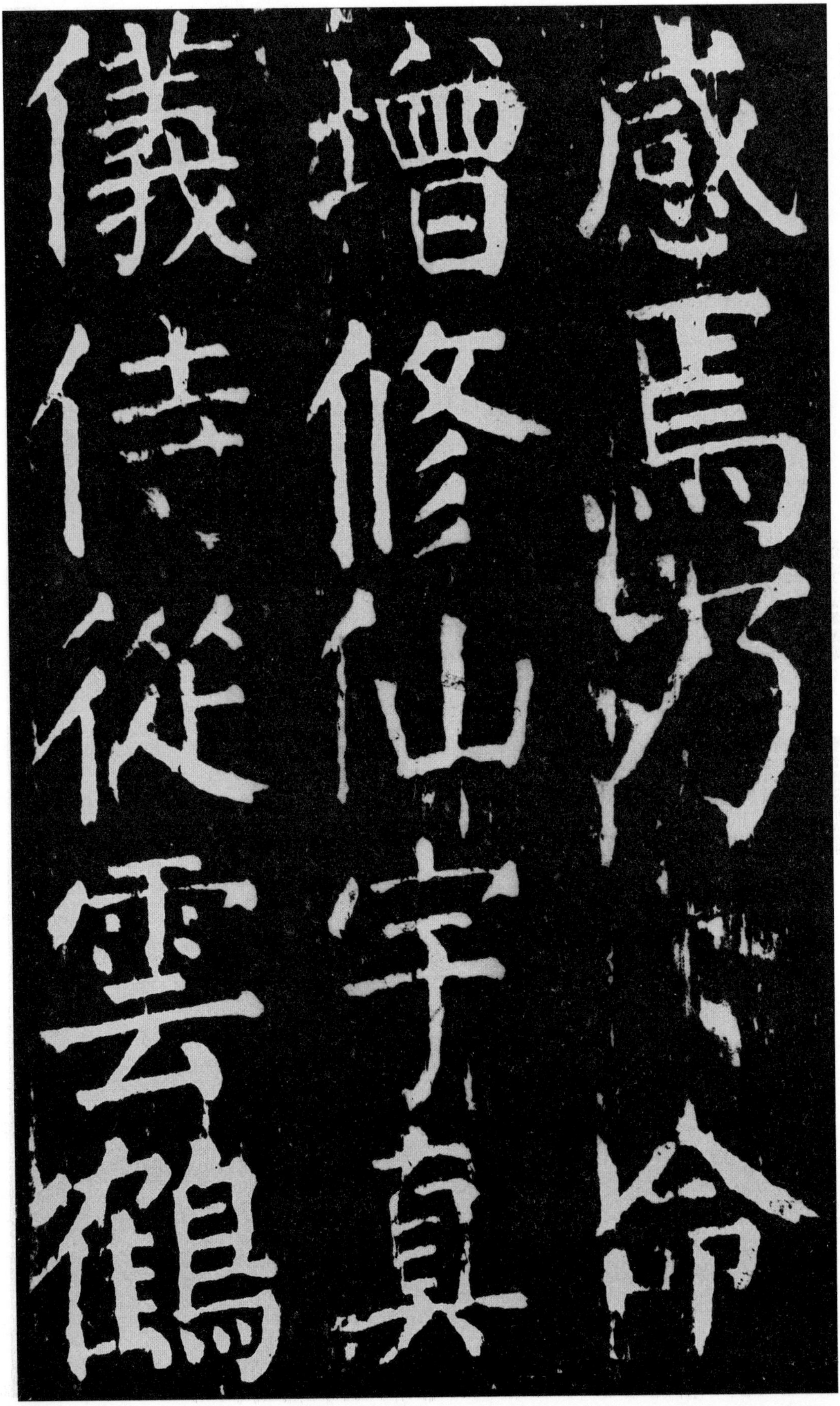

感焉，乃命增修仙宇、真仪、侍从、云鹤

之类。於戏！自麻姑发迹于兹岭，南真遗

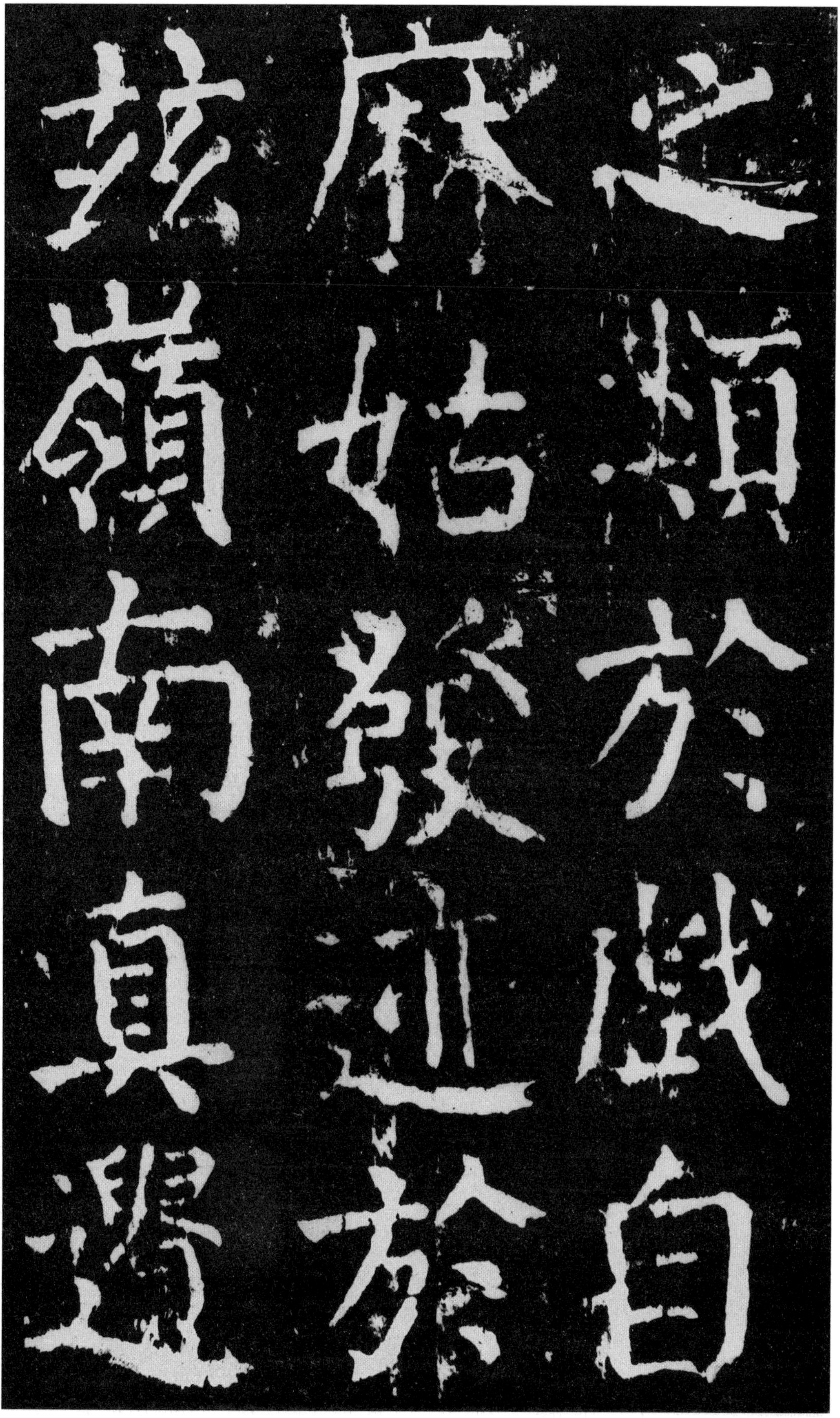

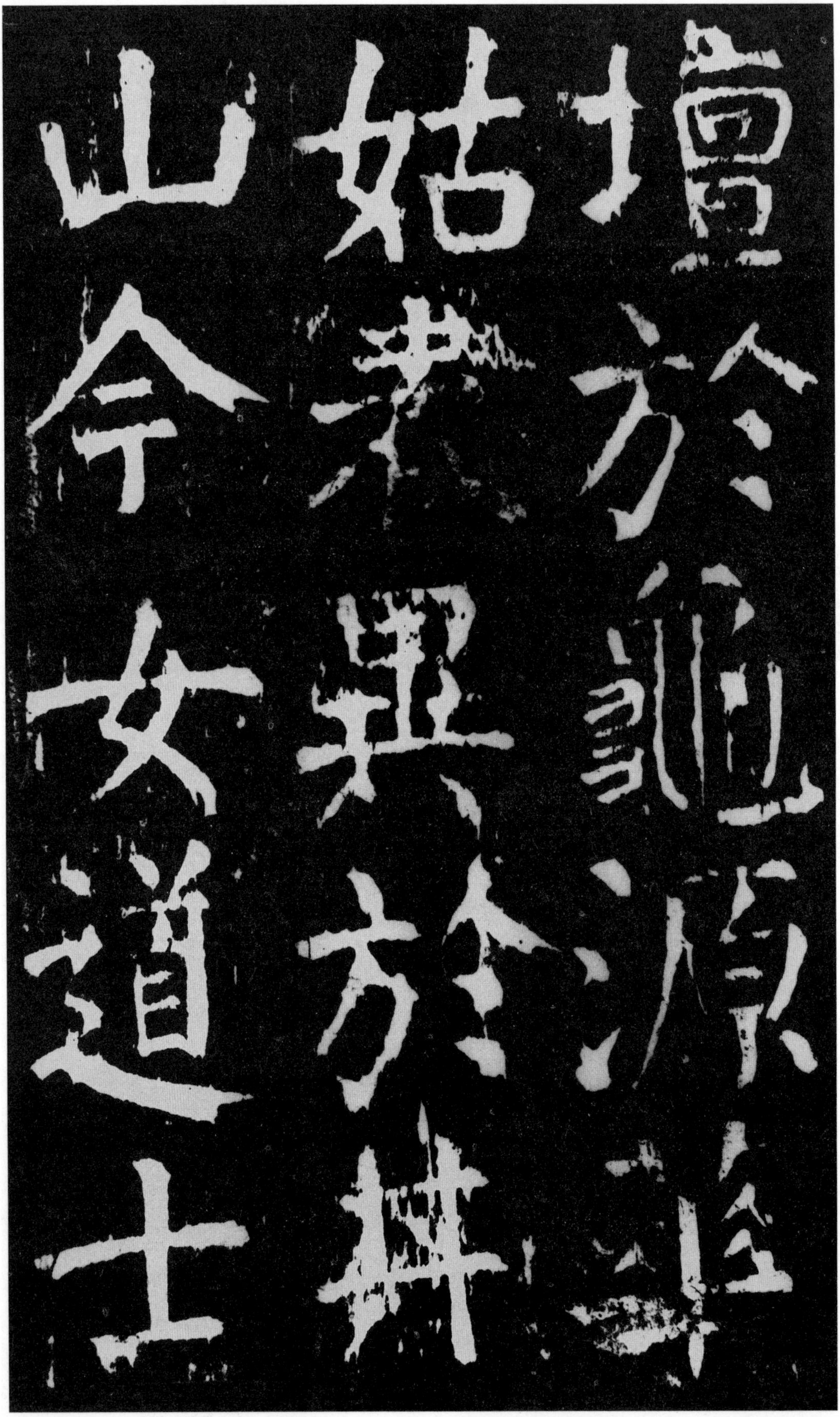

坛于龟源，华姑表异於井山。今女道士

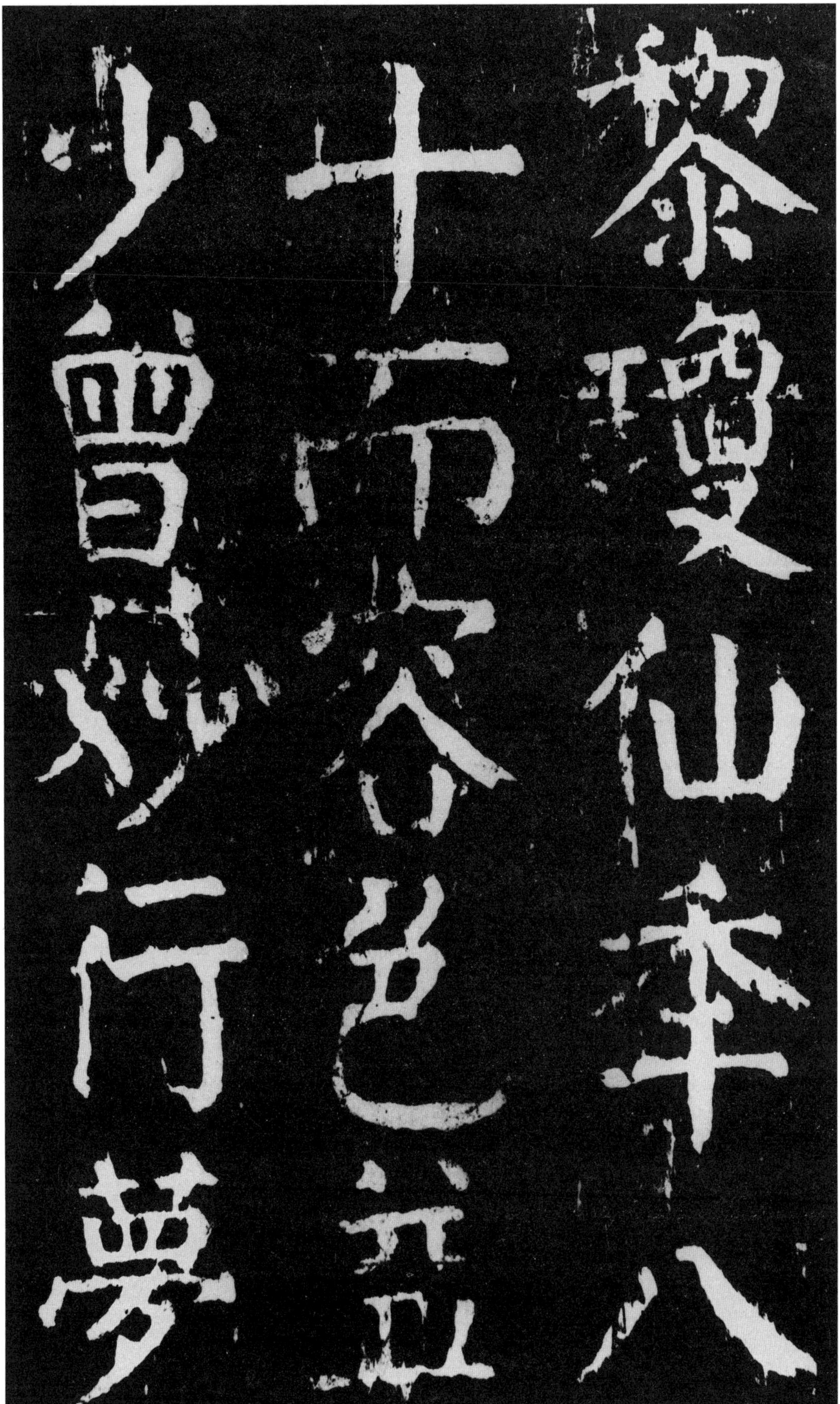
黎瓊仙年八
十而容色益
少曾妙行夢

黎琼仙，年八十而容色益少，曾妙行梦

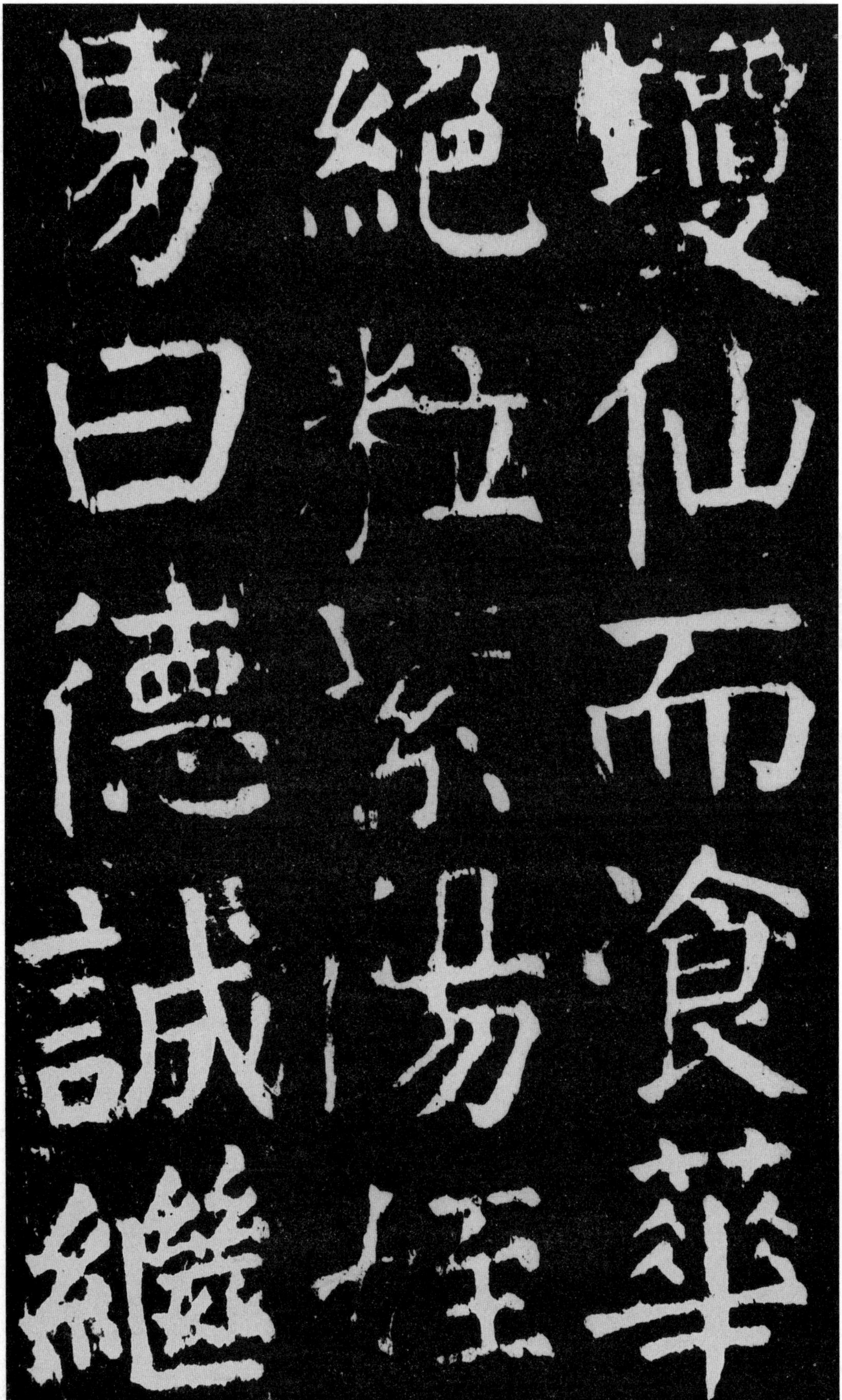

琼仙而湌（餐）花绝粒。紫阳侄男曰德诚，继

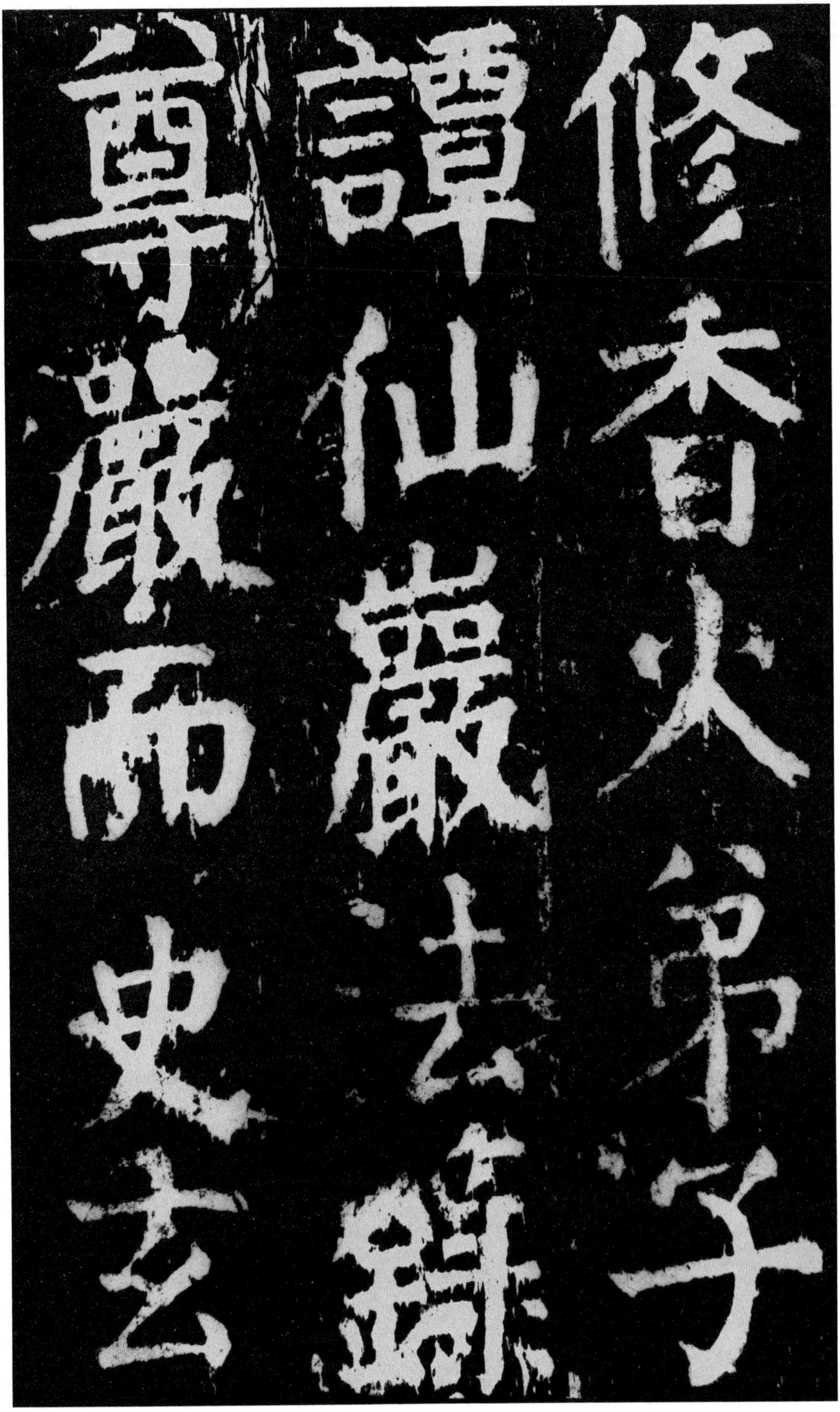

修香火。弟子谭仙岩，法箓尊严。而史玄

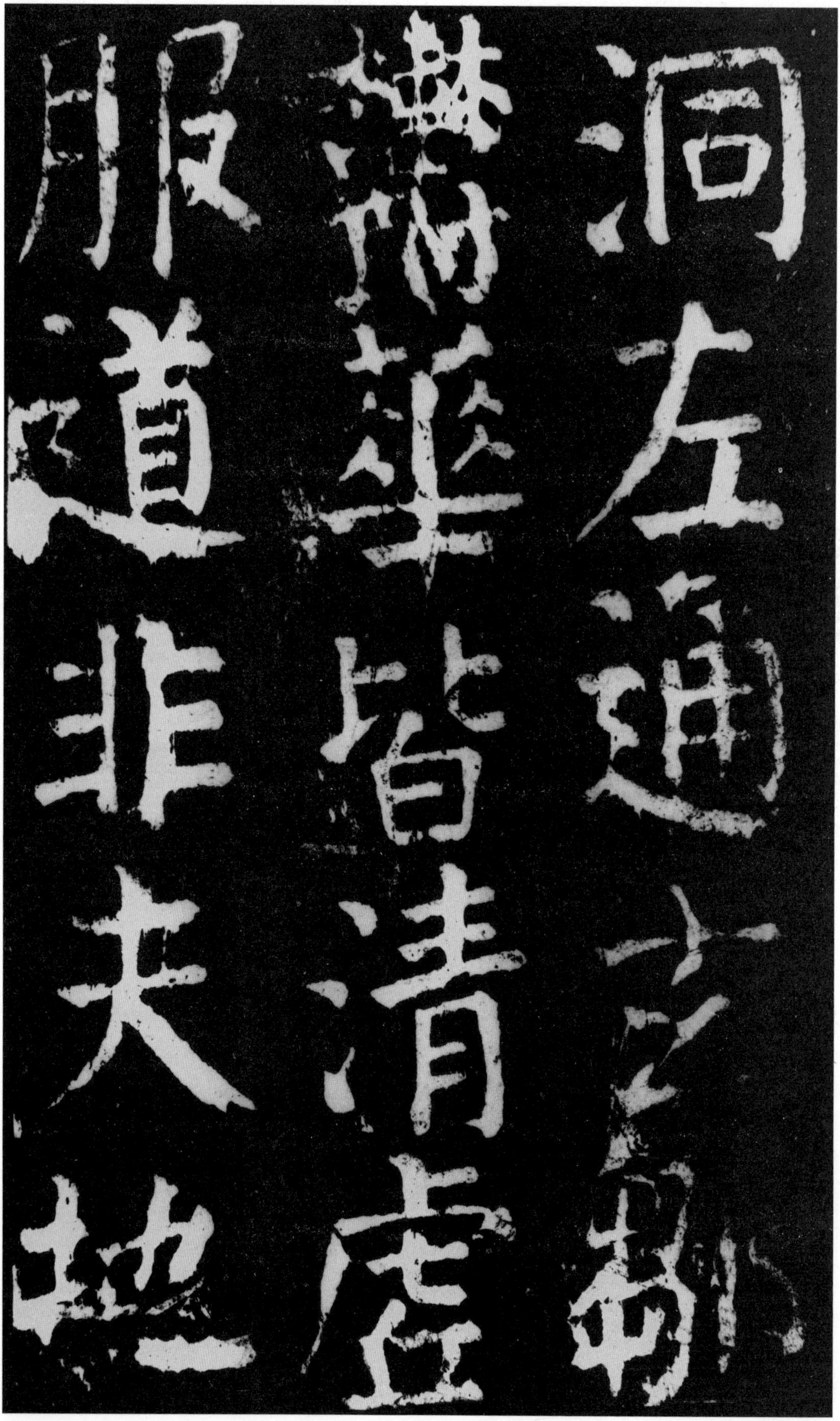

洞、左通玄、邹郁华，皆清虚服道。非夫地

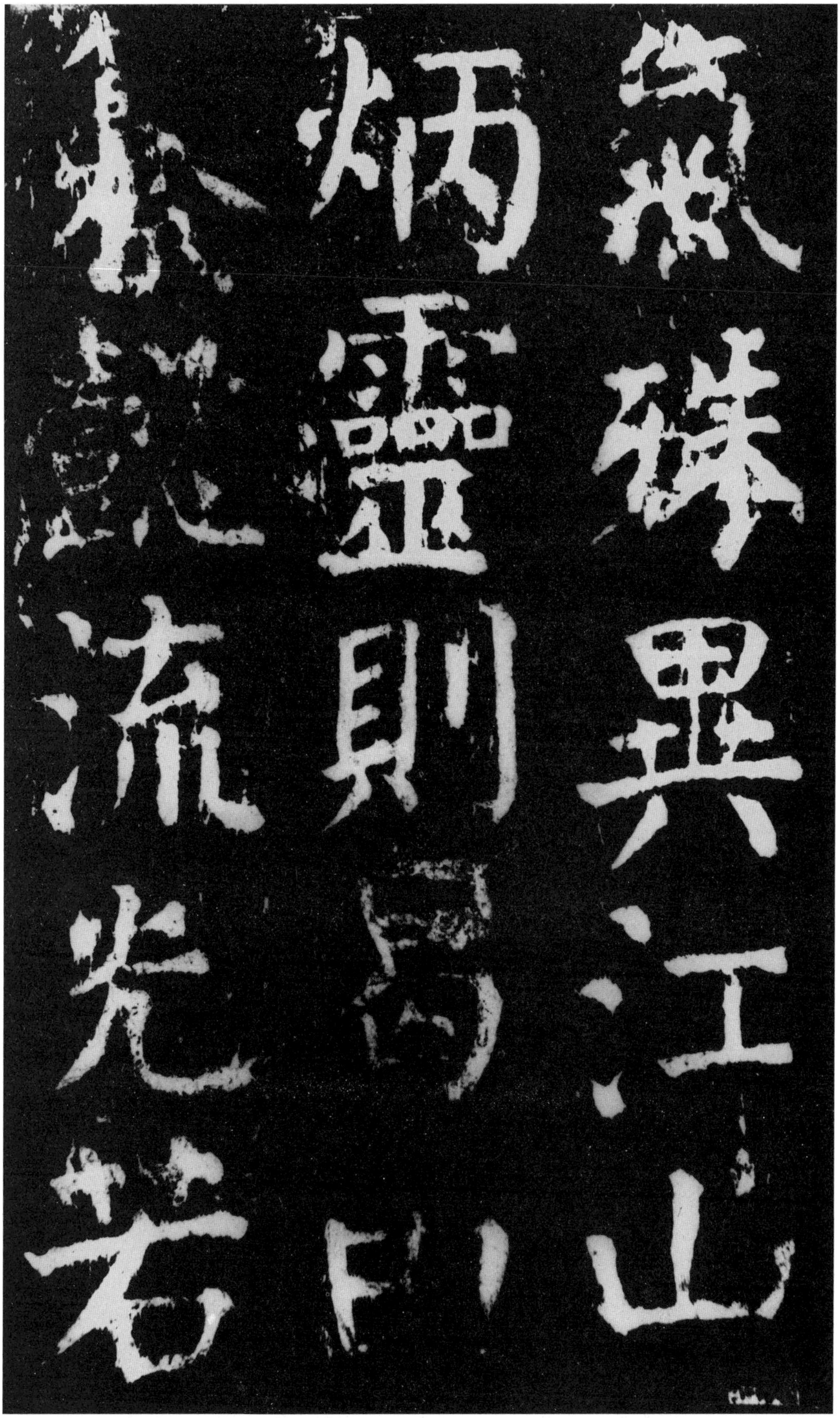

气殊异，江山炳灵，则曷由纂懿流光，若

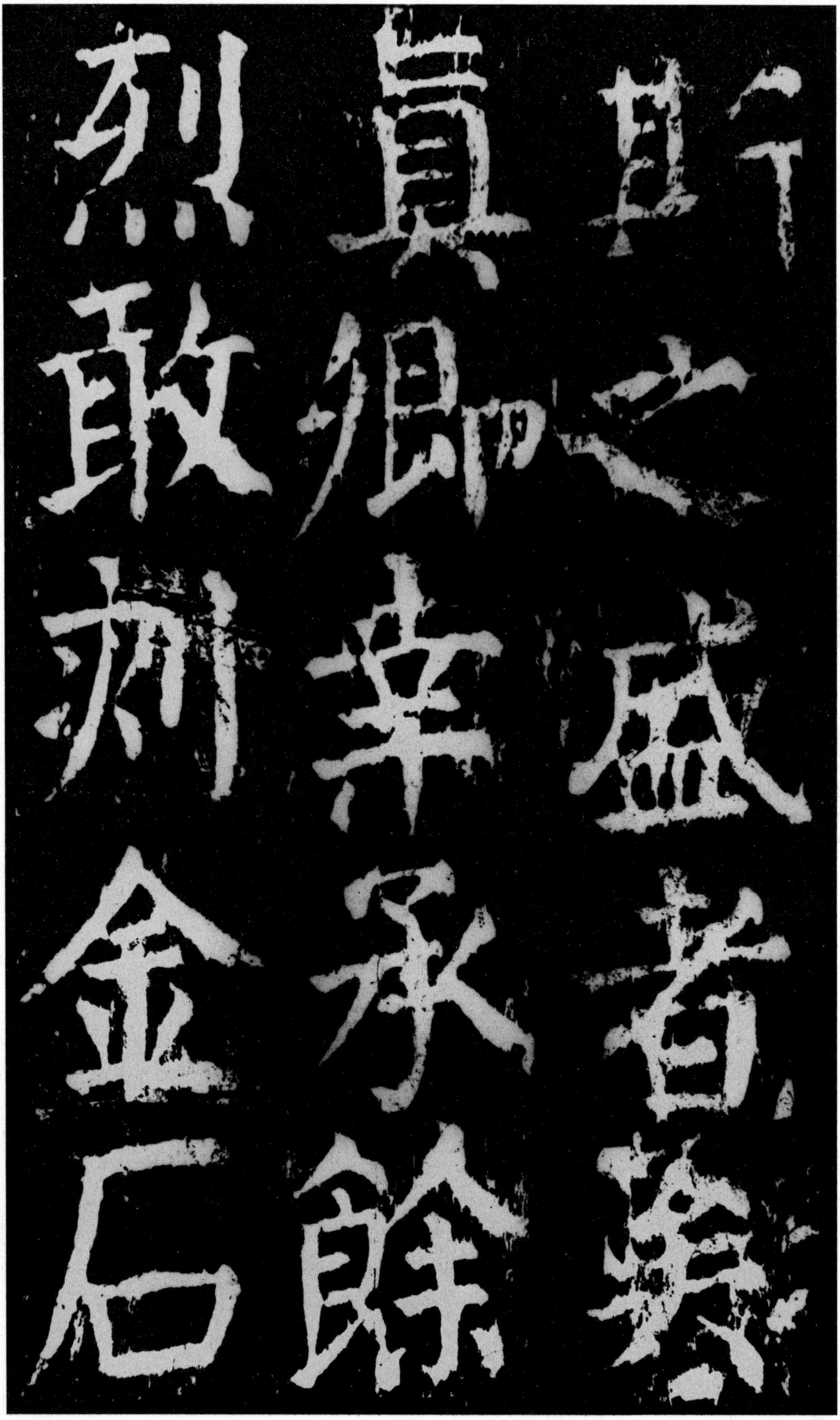

斯之盛者矣？真卿幸承余烈，敢刻金石

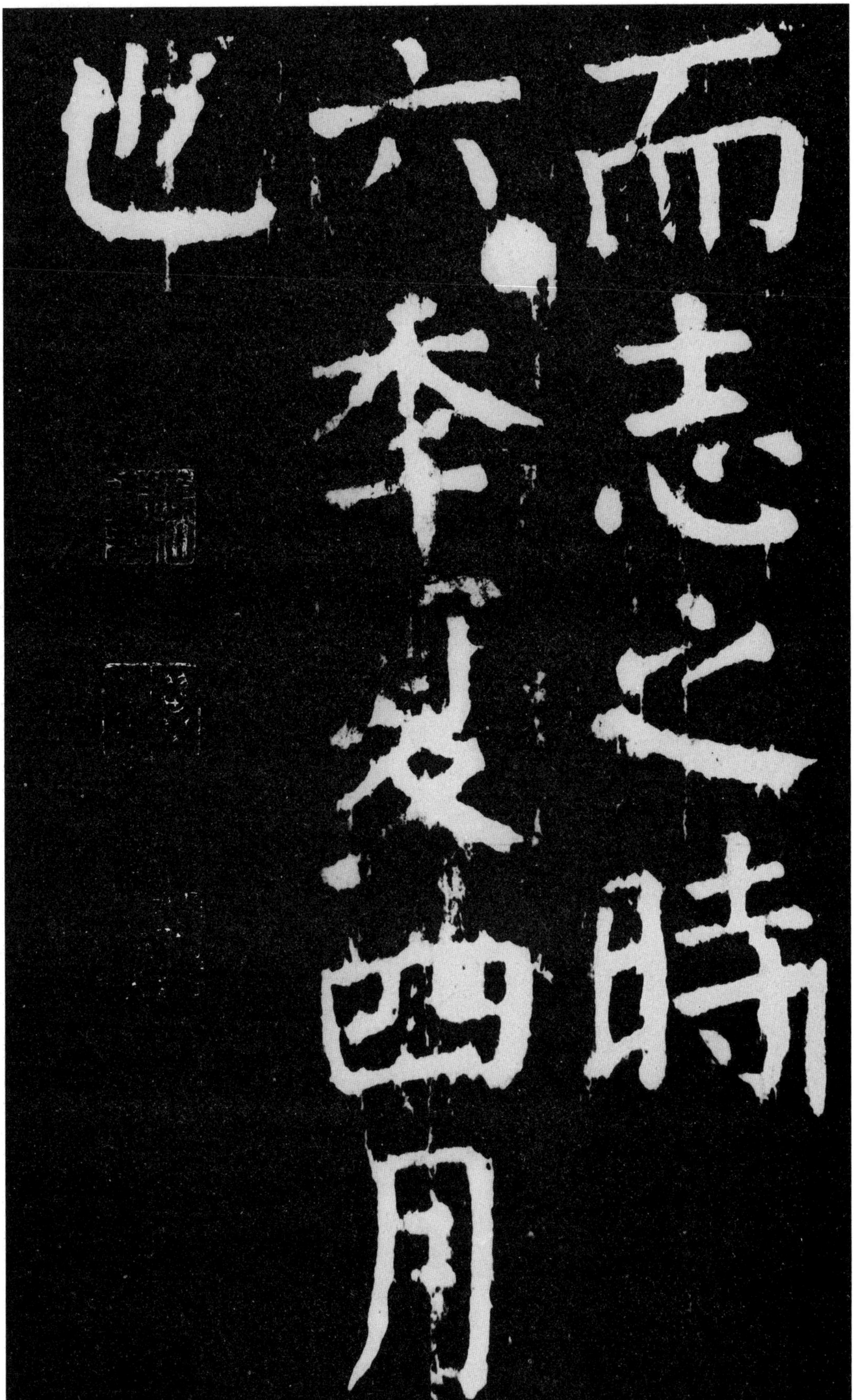

而志之，时□六年夏四月也。

《唐颜真卿书麻姑山仙坛记》简介

此碑全称《唐抚州南城县麻姑山仙坛记》，楷书，字径约五厘米，世称『大字麻姑』，以区别字径如黄豆的『小字麻姑』。唐大历三年（七六八年），颜真卿为抚州刺使，路过江西南城，游览麻姑山后撰文并书写。内容主要为记写麻姑得道之事。唐大历六年（七七一年）四月立。

此碑书法端严雄秀，为颜真卿中晚年楷书代表作之一。其字横轻竖重，结体方正，用笔易方为圆，气势磅礴，秀颖超举。宋欧阳修《集古录》谓：『此记遒峻紧结，尤为精悍。笔画巨细皆有法，愈看愈佳。』

原碑久佚，翻刻甚多。此册影印的是明刻明拓佳本，为广大书法爱好者临习颜体楷书提供了难得的范本。

《历代碑帖法书选》编辑组

二〇二三年七月